（第二册）

博古圖錄考正

UESTCP
电子科技大学出版社

第二册目録

博古圖録考正卷第七

尊二 罍附共二十三器

周

尊一十五器

乙舉尊銘二字

犧尊一

犧尊二

象尊

皃尊

瓠尊

夔龍尊

饕餮大尊

饕餮壺尊

三獸饕餮尊

饕餮尊

著尊一

著尊二

壺尊一

壺尊二

罍八器

犧首罍一

犧首罍二

犧首罍三

犧首罍四

素犧罍

象首罍

麟鳳百乳罍

饕餮罍

周乙舉尊

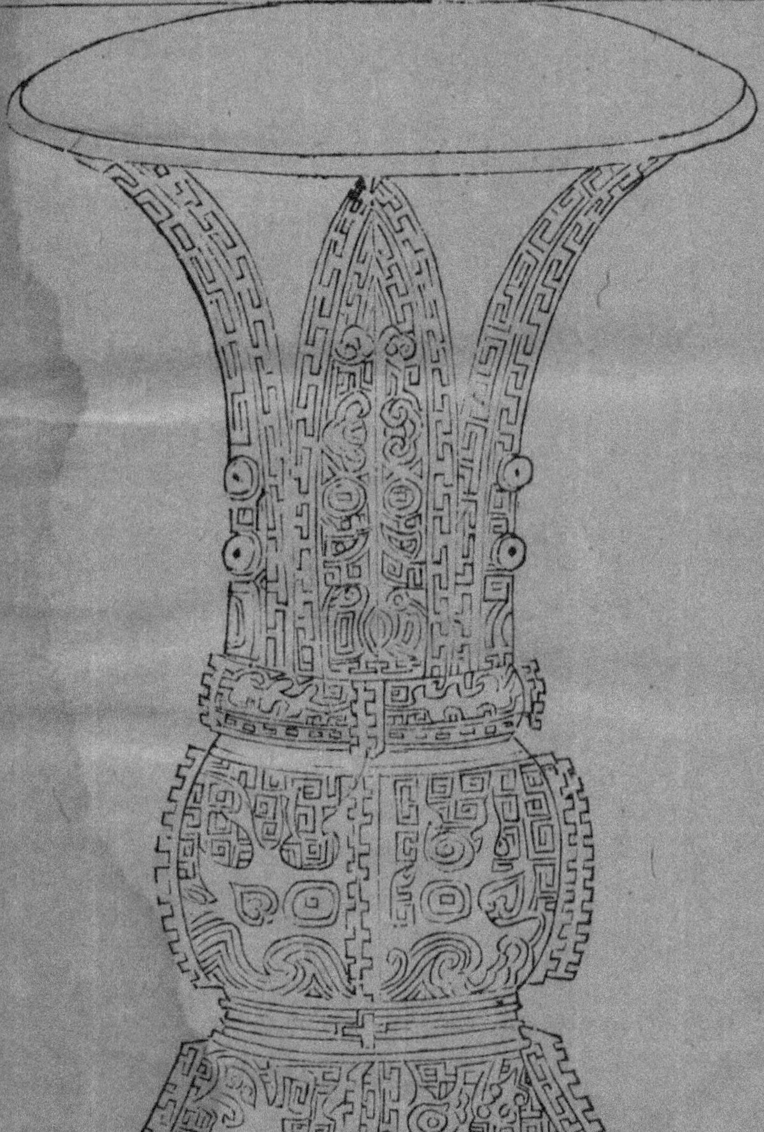

乙舉

右高一尺一寸二分深八寸口徑七寸二分
腹徑二寸三分容二升重四斤三兩銘二字
此器銘曰乙舉按王安石字說舉字從手從
與以手致而與人之意獻酬之義也記禮者

言杜蕢洗而揚觶以飲晉平公而公曰毋廢
斯爵至于今謂之杜舉然則觶亦謂之舉寔
基於此昔蔡出龜而謂之蔡蔡出馬而謂之
驥琴張謂其善琴巫咸謂其善巫皆相因而
得名也是知舉之為器其義亦爾

周犧尊一

周犧尊二

前一器通盖高七寸七分耳高二寸闊九分深三寸四分口徑一寸九分通長一尺一寸七分闊五寸容四升共重七斤四兩以口為流四足無銘

後一器通盖高九寸四分耳高二寸二分闊一寸深三寸五分口徑二寸通長一尺二寸闊五寸二分容三升三合共重七斤二兩以口為流四足無銘

右二器按周官有司尊彝之職而犧尊乃其一取其犧牲享食之義又以示其性順而重以興稼穡助民功致民力以出作入息而服畎畝之事而已后稷教民稼穡種蓺五穀而人民育文武之功所自起周人於此蓋貴其本也魏太和間得尊於青州其制様正與此類王肅注禮以犧象二尊並全牛象之形而鑿背為尊則其說蓋有自来也漢儒之說

以謂犧讀如婆娑之義而刻鳳皇之象其形婆娑然方是時其器秘於瀋壤未之或見則曲從臆斷而遷就其義以今觀之蓋可笑矣

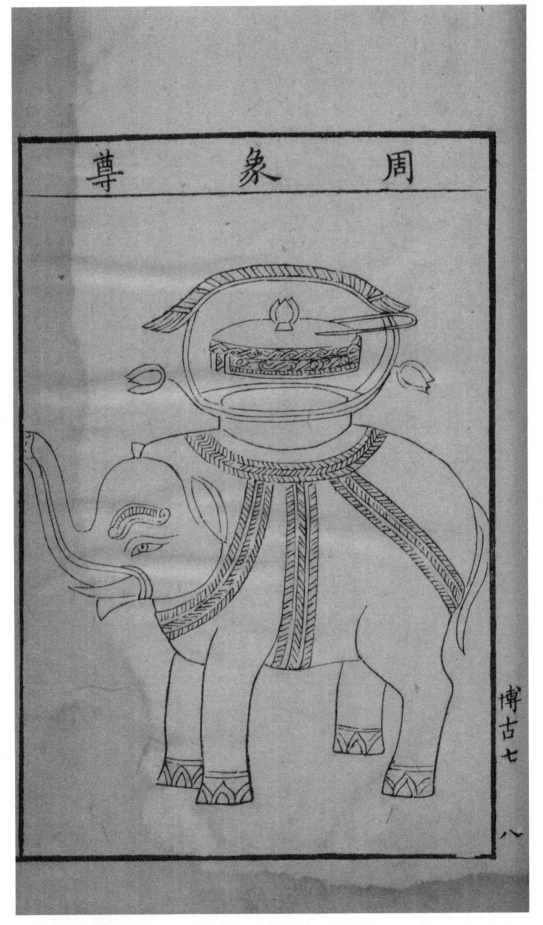

周象尊

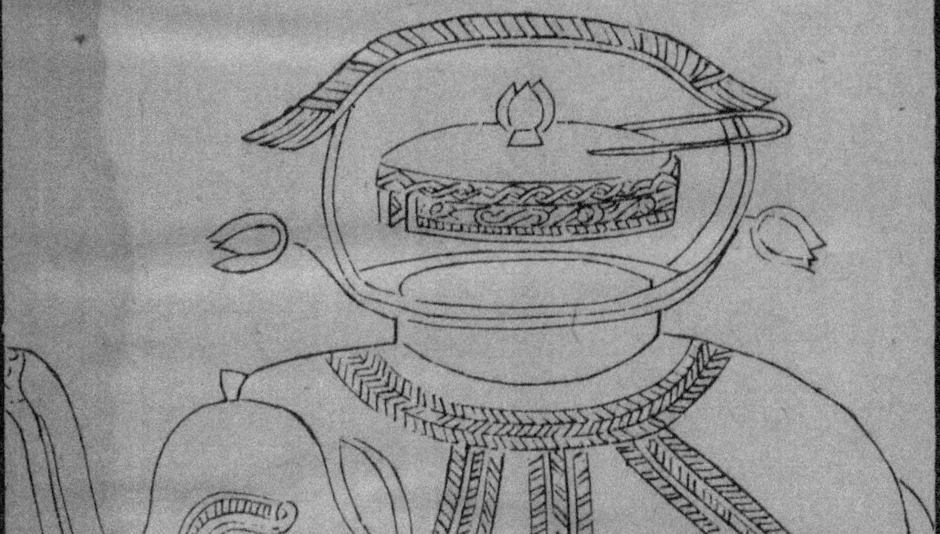

右通蓋高九寸八分耳高一寸五分闊九分深四寸五分口徑二寸二分通長一尺二寸七分闊三寸八分容三升三合共重四斤四兩是有提梁無銘象之爲物感雷而文生是尊取形於象以明乎夏德而已夏者假也萬物之所由而化也方時天氣下降地氣上騰文明盛大而物趨於侈靡此象尊所由設也周禮司尊彝云春祠夏禴其再獻用兩象尊者

其是歟又況象南越大獸也以鼻致用而不以口先王於是以見遠夷來賓昭德之致與夫養口體者異矣然則用之於祭祀豈徒然哉今全作象形而鬬背爲尊禮記曰犧象周尊也鄭氏則曰以象骨飾尊阮氏則曰以畫象飾尊殊不合古此作象形而出於冶鑄則鄭阮之謬槩可考矣其所以然者三代之器遭秦滅學之後禮樂掃地而盡後之學者知

有其名而莫知其器於是為臆說以實之以疑傳疑自為一家之論牢不可破安知太平日久文物畢出乃得是器以證其謬耶

周鳧尊

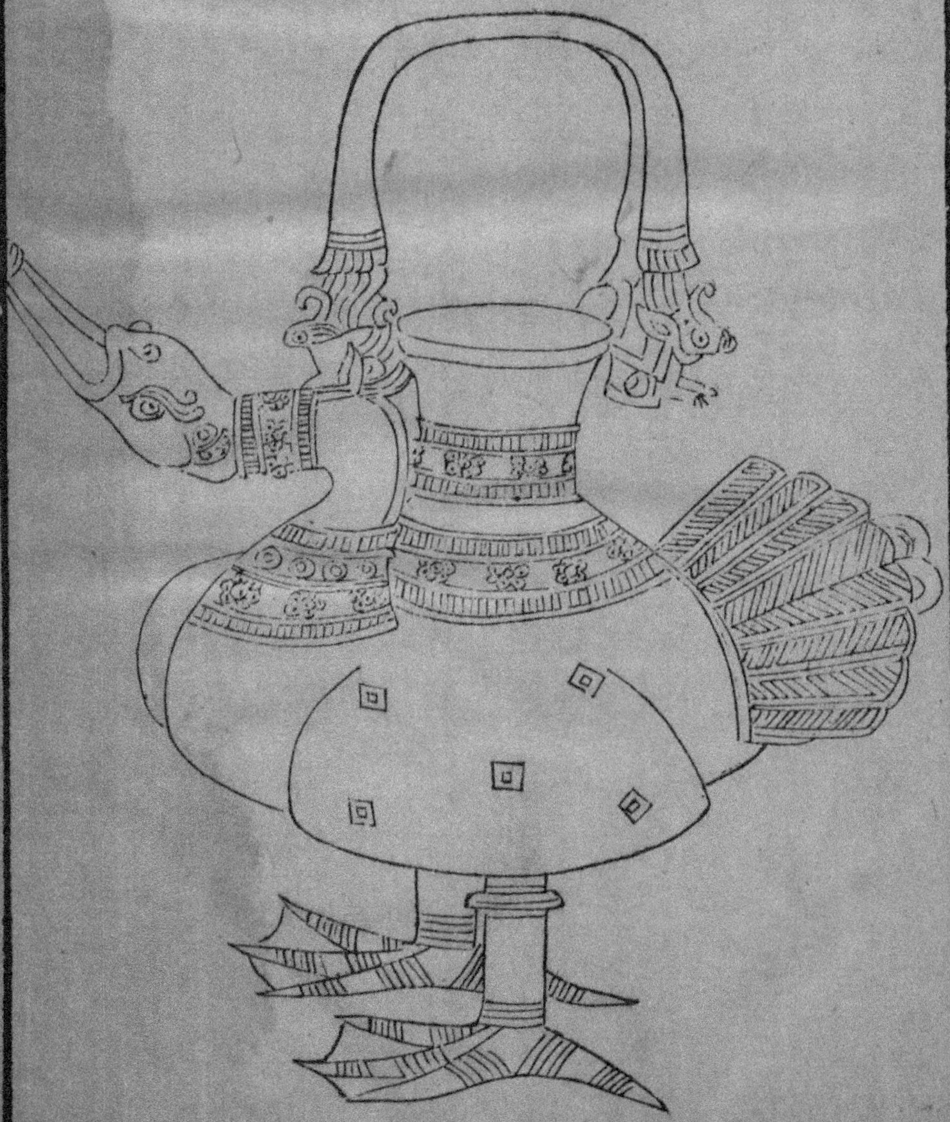

博古七 十

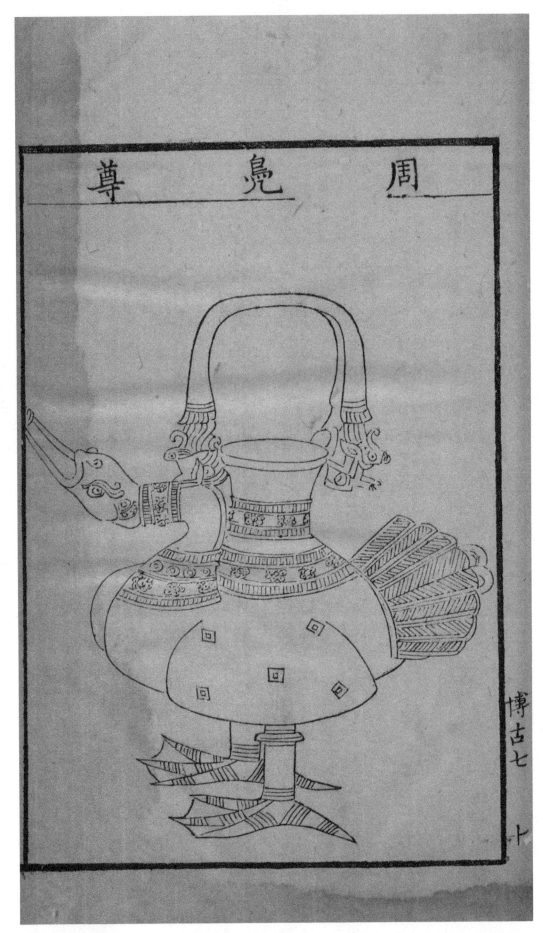

右高七寸四分深四寸八分口徑一寸八分腹徑長五寸九分首尾積長一尺九分容一升九合重三斤九兩有流有鋬闕盖無銘按周官六尊有犧有象皆取其形似而鳧不與焉則知鳧尊者古人用於宴飲之間非宗廟祭祀之器盖鳧習水而假以況則閑於禮者也故詩人以鳧鷖歌太平言君子之有禮酒所以為禮而飲酒者雖始乎治常卒乎亂則

閒於禮而不繼以淫者固亦鮮矣此皃尊之
象寓意甚深宜爲宴飲之戒云

周瓠尊

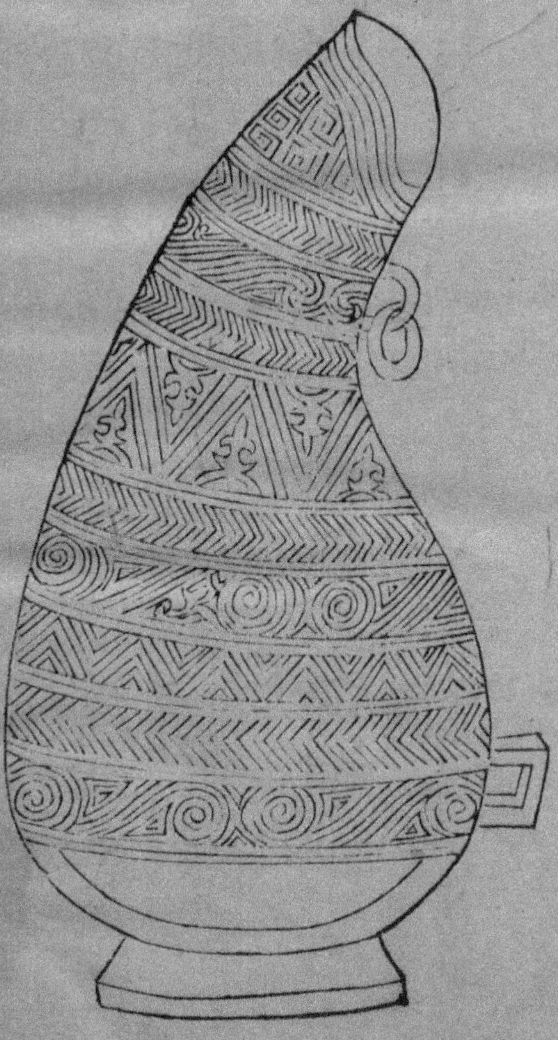

右高六寸三分深六寸口徑一寸腹徑二寸二分容六合重一斤上有兩鼻無銘是器以口為流置之則可立若尊形焉肰旁設兩鼻所以安提梁亦可挈之以行也且飾以雲雷之文復以示其戒焉其在上古匏器而酌水所以尚質後世則之於是乎有瓠尊焉此其遺法耳

周夔龍尊

右高六寸八分深五寸口徑一尺八分腹徑一尺一分容一斗七合重一十一斤有半無銘是器比諸尊為最小者而是與腹及頸間皆作夔龍狀間以雷紋於兩旁又飾以連珠周之脰足對峙有方竅不識為何用它器皆無此蓋莫可考也

周饕餮大尊

右高二尺三寸深一尺八寸一分口徑一尺九寸八分腹徑一尺二寸九分足徑一尺一寸二分容七斗四升有半重四十七斤無銘純緣皆素腹足飾以饕餮間之雷紋攷古大尊以陶瓦成形猶登之用瓦也登變製以銅而見於世者時有焉尊或如之今是尊特大而其質則銅固宜為大尊大以名其體而不言所飾之物蓋若壺尊著尊之類異乎名之犧象者矣

周饕餮壺尊

博古七 十五

右高九寸深七寸四分口徑五寸二分腹徑八寸二分容八升三合重六斤十有二兩無銘尊作壺形盖上尊曰彝中尊曰卣下尊曰壺是器必下尊也其脰飾饕餮腹著䨜雲不獨示其有節止而又明其施澤之及時也

周三獸饕餮尊

右高九寸八分深七寸七分口徑六寸八分腹徑一尺二寸一分容二斗二升重十有五斤無銘其形如甑而小異腹上有鼻作饕餮狀周身悉被饕餮之飾與雷紋相間錯土花漬染銅色蒼翠如瑟瑟紋鏤華好觀其製作之妙非周莫能至也

周饕餮尊

右高八寸深六寸六分口徑五寸八分腹徑七寸容七升二合重三斤十有一兩無銘是器純緣與足皆無文飾特三面狀以饕餮且若鼎若爵若斝若甗若瓿之類莫不有饕餮之形皆所以示其戒故至於尊亦然也

周著尊一

周著尊二

前一器高一尺六分深一尺三分口徑五寸
腹徑九寸八分容一斗七升四合重十斤十
有三兩無銘
後一器高一尺四分深一尺二分口徑五寸
腹徑九寸八分容一斗七升四合重八斤十
有五兩無銘
右按明堂位商尊曰著釋者以謂著地而無
足此二器脛作䕫龍蟠屈之勢腹著雲雷回

旋之狀而底著地無足誠所謂著尊者也然
著為商尊宜其質素無文而此器著飾如是
者何也蓋周人於朝獻亦嘗用兩著尊則是
尊也豈非周因商器而益之以文者乎孔子
所謂周因於商禮所損益可知者於此亦可
推矣然成周之時其禮樂庶事襲用四代之
制亦不止用商一代之器而已

周壺尊一

周壺尊二

前一器高一尺二寸八分深一尺一分口徑
七寸八分腹徑一尺一寸一分容二斗二升
三合重十一斤十有四兩無銘
後一器高一尺深八寸二分口徑六寸一分
腹徑九寸一分容一斗二升八合重七斤十
兩無銘
右二器肩腹並設雲雷之飾以禮圖所載考
之比犧象而有脰比著尊而有足謂之泰尊

則此非丸也謂之山尊則此無山文狀其形制類壺而與禮圖壺尊相肖豈其為壺尊耶周禮曰秋嘗冬烝其饋獻用兩壺尊則此其是歟狀議禮者故不可按圖而求合於古要之必有所自焉亦未可忽也

周犧首罍一

周犧首罍二

周犧首罍三

周犧首罍四

第一器高一尺四寸深一尺二寸三分口徑六寸四分腹徑一尺五寸容二斗八升六合重十有五斤四兩一鼻兩耳無銘

第二器高一尺二寸九分深一尺二寸口徑五寸五分腹徑一尺二分容一斗三升二合重九斤有半一鼻兩耳連環無銘

第三器高八寸九分深七寸三分口徑三寸八分腹徑七寸六分容六升一合重四斤十

有一兩一鼻兩耳連環無銘
第四器通蓋高一尺二寸七分深九寸八分
口徑三寸九分腹徑八寸一分容一斗三升
五合共重一十斤二兩一鼻兩耳連環無銘
右四器皆以犧首為耳為鼻而製作又復相
類故皆以犧首名之然其不同者特高下致
飾色澤環耳之類要非一手之製前三器腹
著饕餮下作垂花蟲鏤隱起間錯雲雷後一

器色赤無紋要之皆周物也故合之於一律焉

周素犧罍

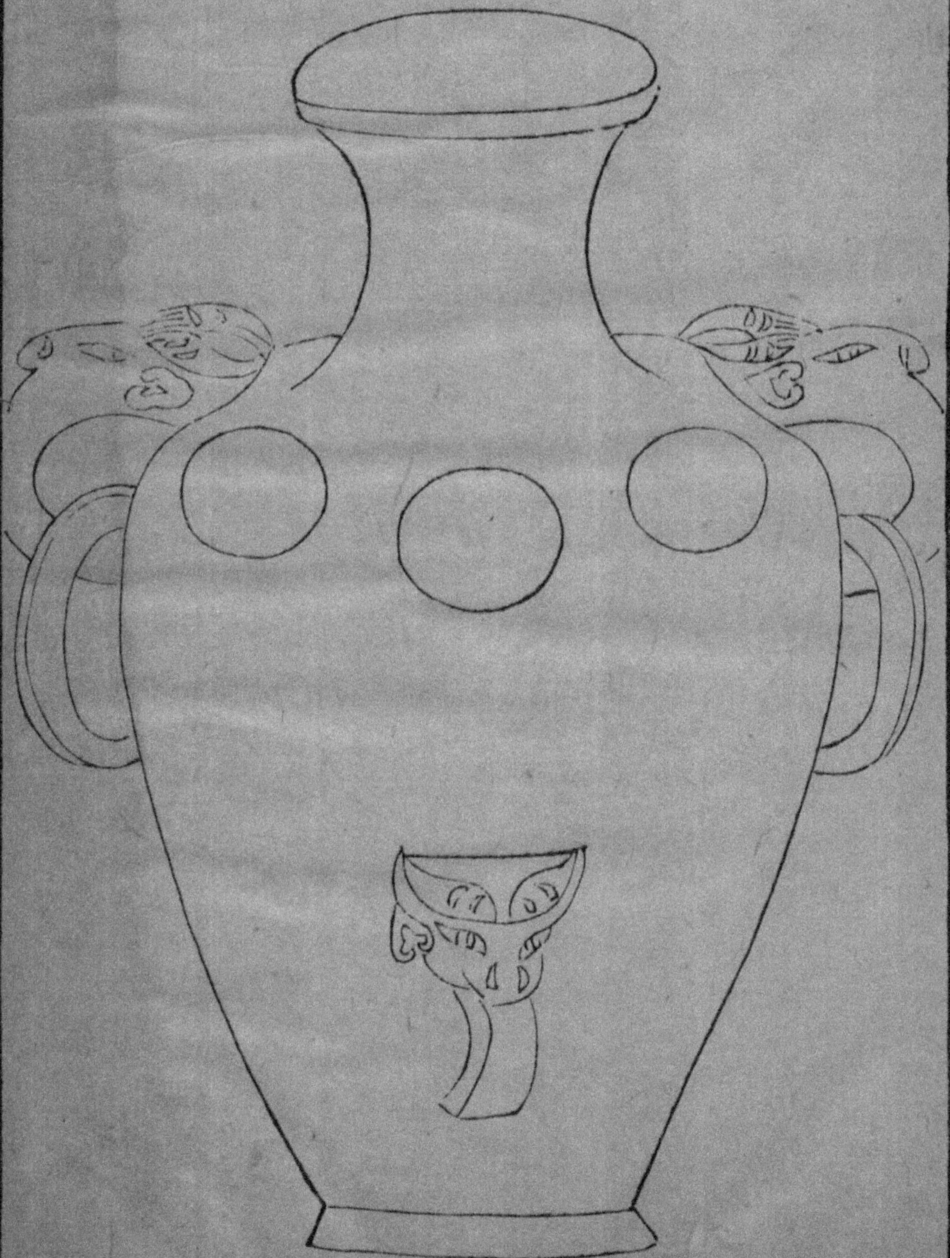

博古七　廿六

右高八寸四分深七寸一分口徑三寸六分腹徑六寸五分容六升二合重四斤十有三兩兩耳連環無銘攷犧之字至漢鄭玄釋犧爲莎又或作獻戲其字不同其爲義一也後世用莎之語遂飾以鳳皇婆娑之狀曾不知止以犧爲飾耳因其字畫形聲舛訛故器亦失其制度攷是器耳鼻皆以犧爲飾狀若牛首大槩與周犧首罍相類但兩耳連環爲小異也

周象首罍

右高二尺四寸五分深二尺四分口徑七寸六分腹徑一尺六寸八分足徑一尺一寸五分容一石二斗七升重五十四斤有半無銘是器罍也佐尊之器肩脰間作兩象首貫以連環腹飾圜花足之上又為一象首且象南越獸齒感雷而文生以象禮之文飾之於罍者蓋周官六尊中有象尊用於春祠夏禴再獻之際則副象尊者宜其有罍正一類器耳

周麟鳳百乳罍

右高二尺二寸七分深一尺七寸五分口徑一尺五寸九分腹徑二尺三寸足徑一尺七寸三分容二石一斗七升重一百三十八斤無銘是器致飾不一通體與足作方斜雷紋中著以乳其稜四起而上立四鳳中間又爲四獸各頂一角屹然而起疑其爲麟蓋麟鳳王者之嘉致於彝器每每有之其麟鳳之間復以夔龍相間器大精工無如此者及禮圖

之陋乃以謂畾畫山雲之象以取夫雷出於
此其爲臆說明矣

周饕餮罍

右高九寸六分深七寸六分口徑八寸三分腹徑一尺一寸一分容二斗二升四合重九斤四兩無銘罍於酒器中所容最多故釋器者云受一斛此器所容但五分之一豈罍之一類者亦自有等差小大耶又詩云金罍蓋未必以黃金為之以五金皆金耳此罍在諸器中特為精緻高古可以垂法後世於是詔禮官其製作為之楷式以薦之天地宗廟使

三代之典炳然還醇見於今日亦稽古之效
也

博古圖錄考正卷第七

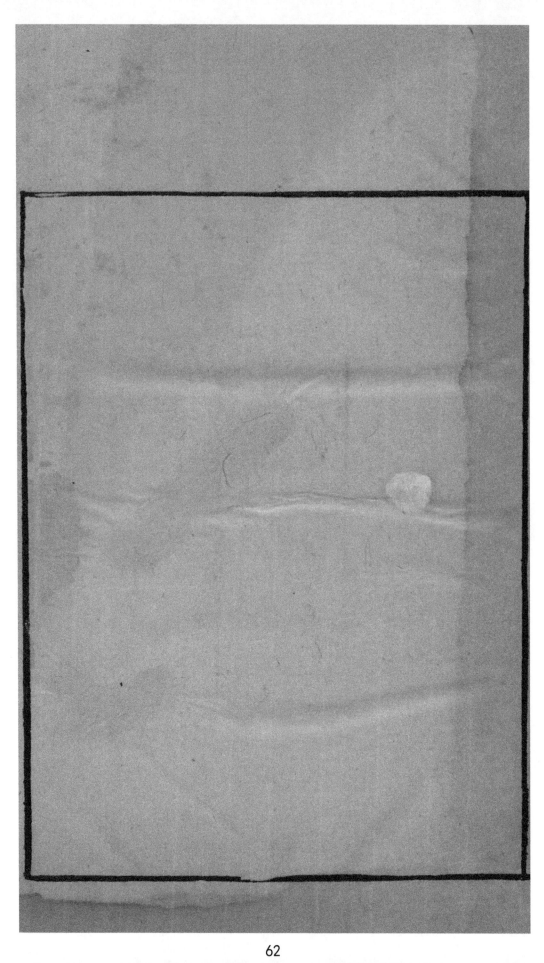

博古圖錄考正卷第八

彝舟總說

彝 舟附共二十七器

商 七器

父丁彝 銘七字

立戈父甲彝 銘三字

虎首彝 銘三字

周 十八器

己酉方彝 銘三十七字

單彝 銘三字

召父彝 銘七字

叔彝 銘六字

雲雷寶彝 銘二字
雷紋寶彝 銘三字
伯映彝 銘一十字
百乳彝
乳彝一
乳彝二
夔龍乳彝
夔龍彝

高足彝一

高足彝二

蟬紋雷彝

饕餮彝

蟠夔彝

蟠夔直紋彝

舟

漢二器

敔足舟

垂花舟

總說

周官載六彝之說則雞彝鳥彝斝彝黃彝與夫虎蜼之屬也釋者謂或以盛明水或以盛鬱鬯其盛明水則雞彝斝彝虎彝是也其盛鬱鬯則鳥彝黃彝蜼彝是也彝皆有舟焉設而陳之用為禮神之器至於春祠夏禴秋嘗冬烝以酌以祼莫不挹諸其中而注之耳然器以藏禮載禮而行之則即器以明其用而

器固不能常存也繇是去古既遠或失其傳而當世無從稽考往往遂為一時穿鑿臆說而聚訟紛糾當年莫能破其謬妄焉國家因積德百年之後講禮明樂收攬前代遺製而範金之堅多出於僻陋潛壤之輿者四方来上如鍾鼎尊壺之類動以百數因暇日悉討論其義多得於款識銘文之間於是彝舟亦較然詳辨而悟先儒之失也彼殊不知彝之

有舟蓋其類相須之器猶尊之與壺缾之與
罍焉先儒則以謂舟者其形如盤若舟之載
而彝居其上豈其然歟今之所存有如款足
舟垂花舟大畧與彝僅似則其為相須之器
斷可見矣雖然夫所謂彝則法之有常而寓
於器者皆可謂之彝故周之伯寶卣其銘有
曰尊彝周之召公尊亦曰父乙寶尊彝也若
夫特謂之彝則惟周官六彝為正名無二焉

商䧹彝

儒作寶

尊彝

右高五寸七分深四寸五分口徑七寸一分
腹徑七寸二分容五升八合重五斤十有二
兩兩耳有珥銘五字純緣圈是皆飾以夔龍
之形夔之字從夒夒貪獸也今彝以是為飾
蓋亦戒其貪曰儒者莫知其為名與氏也然
作字取象皆商制耳

商己舉彝

已舉

右高六寸深四寸七分口徑八寸二分腹徑八寸容七升重七斤六兩兩耳銘二字今按此彝腹間作乳乳百四十有一銘曰已舉已者在商八世君有雍已疑謂是也昔李公麟

得古爵於壽陽紫金山腹有二字曰己舉而
王玠亦獲古爵於洛下有二字曰丁舉字體
正與此同舉之為字從手從與以手致而與
人之意爵觶皆酒器也因獻酬而舉之故銘
其器曰舉是以記禮者言杜舉洗而揚觶以
飲平公因謂之杜舉故以舉銘之

商子孫父辛彝

博古八　九

作父辛彝
析子孫

右高四寸八分深四寸三分口徑七寸一分腹徑六寸七分容五升重四斤十有一兩兩耳有珥銘七字凡商器以此銘者多矣言父辛則若祖辛之類是也曰析子孫乃貽厥子孫之義是器純緣間及圈足皆作夔形相環若循走之狀腹間純素其製作與銘文實商物也

商子孫彝

子孫

孫作兩手拱日之狀

右高三寸五分深二寸九分口徑五寸腹徑四寸六分容一升八合重二斤銘二字曰子孫而孫作兩手拱戴日之狀攷諸鼎彝銘有曰子子孫孫有曰子孫者皆取其相承之義是器言子孫而有拱日之飾蓋取日以象君道也尊君道則知盡臣子之禮銘辭甚簡於此可見真商物也

商父丁彝

古作父
丁寶尊
彝

右高五寸四分深四寸一分口徑六寸九分腹徑七寸容五升重六斤六兩兩耳有珥銘七字曰古者姓或名耶按淮父卣有曰戉于古則古又言其地矣商以丁為號者六而此曰父丁者未知其為誰也

商立戈父甲彝

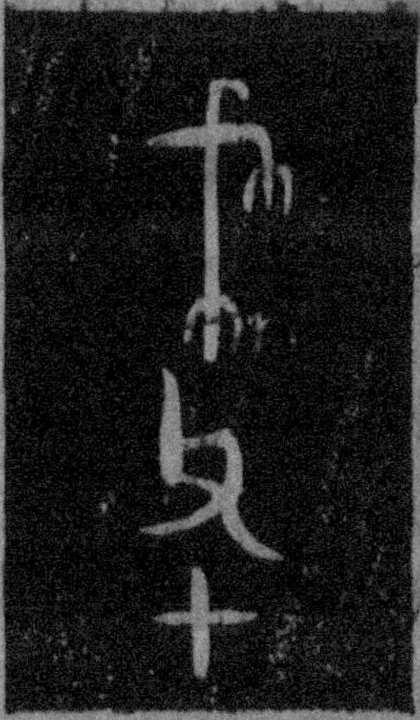

戈形父甲

右高五寸深四寸口徑六寸七分腹徑五寸
四分足徑五寸二分容四升五合重三斤十
有五兩兩耳有珥銘三字曰戈父甲蓋商之

君十有七世以甲稱者有五若沃丁祖乙南庚之類皆甲之子也其間以兄弟繼之者則不可以子稱是器言父甲則子為父設之矣但不知茲器為何甲而設也純緣與足以上並作雷篆於兩旁以螭首為耳致飾精工字畫典重非後世所能及

商虎耳彝

作寶彝

右高四寸三分深三寸五分口徑六寸三分腹徑六寸五分容三升重二斤十有三兩兩耳有珥銘三字是器也雖不書名肰耳作虎首豈非所謂虎彝耶父已彝已嘗取此以飾其耳蓋施於禘祫之間者當致其義焉非特如此虎西方獸於五德為義於五行為金金與義皆主乎剛而有斷其周之虎彝實體於是有制于酒之意也

周已酉方彝

己酉戍命尊宜于
招黹攵庚〇九律
〇商貝朋方〇用室
園宗彝在九月惟王
一祀世昌五惟〇束

右高七寸九分深五寸五分口徑長六寸一分闊五寸一分腹徑長六寸二分闊五寸二分容六升七合重十有二斤六兩銘三十七字曰已酉者以紀其歲方周之時卜世三十卜年七百歲已酉者不一故莫知其次也曰戍者守也以地而有所守如春秋齊侯使連稱管至父戍葵丘之謂宜于招黻黻者以言其別故旌以別之如袞衣取其藻米黼黻之

類商貝朋方者五貝為朋如詩錫我百朋言其禄之多用室闈宗彝者彝宗廟常器如周官所載六彝之類也其曰惟王一祀則記其即位之始年耳夫商曰祀周曰年肬武王克商而訪于箕子亦曰惟十有三祀則知周因常相因如此其器方而通體為盤夔雷紋四隅弁腹間峻拔作觚稜之狀精巧絶世為可佳焉

周單彝

旗雞單

右高五寸八分深四寸一分口徑七寸三分腹徑六寸九分容五升五合重五斤三兩圜足銘三字曰旗雞單上二字作旗雞形曰單則叔向所謂周其再興乎其有單子也故知單所以為姓曰旗則穆公旗也單自襄公至穆公凡六世而世有明德今所藏單父乙鼎銘亦曰旗單而紋鏤竊相似耳

周召父彝

召父作乃

○寶彝

右通座高六寸一分深三寸一分口徑五寸

八分座長五寸四分闊四寸八分容二升六

合重五斤七兩兩耳有珥是器耳作螭狀下
為方座雲雷之紋與虁龍間錯銘七字一字
磨滅不可考曰召父則召公奭也凡周器彝
有六而因形以為用見於銘載者類書錫命
孝享此曰作乃寶彝而又比它彝其制小異
特自寶用之器也肰銘簡篆古方召公奭時
去商為未遠故知其為周初物耳

周叔彝

○叔作寶
尊彝

右高五寸七分深二寸七分口徑五寸三分
座自方四寸八分下有響鐸容二升重四斤
五兩兩耳有珥銘六字一字不可辨五字曰
叔作寶尊彝且尊用以酌彝用以祼是故尊

彝之所用也不同此統言尊彝者盖先王之時用器不中度不鬻於市戒在於作為淫巧以法度為繩約要使其器可尊可法而後已是以沇子作盉而銘曰寶尊盉金作敨而銘曰尊敨父己作彝而銘曰尊彝虢叔作鬲而銘曰尊鬲此曰尊彝者非六尊之謂也曰叔則周之以叔名者如虢叔榮叔祭叔之類是也上字磨滅故不可考其為誰觀其形制則

耳為水獸下有方座周身為饕餮狀純緣下
與足上有行螭之飾螭亦水獸也盖有以戒
沈湎而使不沒於禮而已是則制器尚象豈
虛為文飾也哉

周雲雷寶彝

作寶彝

右高五寸五分深四寸二分口徑七寸一分
腹徑七寸容五升二合重四斤十有二兩兩
耳有珥銘三字曰作寶彝而飾以雲雷夫雲

以致澤雷以啓蟄所以養咸萬彙也然茍或過焉則亦所以為害人之於食飲猶是也夫有以養其氣體則不能無益矣然而淫指者至於傷恩酒薄者以之用戈則害有甚於此者故昔人於是切切致意凡器之所形目之所繫莫不有微意焉

周雷紋寶彝

作寶彝

右高五寸二分深四寸口徑六寸三分腹徑六寸四分容四升有半重三斤十有五兩兩耳有珥銘三字曰作寶彝字畫高古不書名豈諱賢也歟純緣之下與足皆作雷紋蹙成饕餮狀以鹿首為耳蓋雷之為物養神於冬起用於震其動也時而義有在是以其彝者法也著之文飾亦法之所在焉

周伯映彝

右伯映○作宥作
寶尊彝

右高三寸五分深三寸四分口徑六寸腹徑五寸七分容三升三合重二斤一十兩兩耳有珥銘一十字曰伯映者於經傳無見考其形制耳作獸形純緣與足飾以夔龍間之雷紋大槩與周叔彝相似則知伯映為周人無疑曰伯恐其字耳

周百乳彝

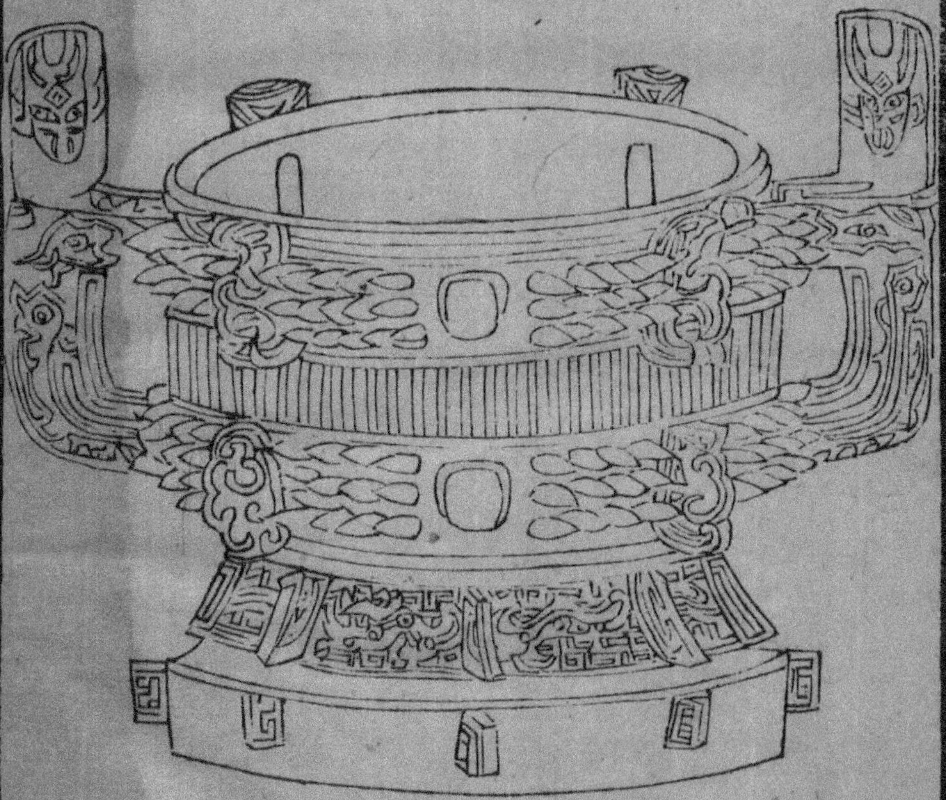

右高八寸九分深六寸二分口徑一尺二分腹徑九寸五分容一斗七升有半重二十三斤兩耳有珥無銘周身皆乳凡二百一十有六四耳今所存者有二耳足皆飾夔龍内外有二牛首腹間周以直紋其大比諸彝爲最乳所以養人者也猶卣之保子著之於器以示其永保用之意

周乳彝一

周乳彝二

前一器高五寸九分深四寸四分口徑八寸五分腹徑八寸一分容七升六合重七斤圜足無銘

後一器高五寸深四寸口徑八寸腹徑七寸六分容四升重三斤一兩圜足無銘

右彛之為器所以盛秬鬯而祼地求神者神守其幽當以類感而出之斯致養焉故用乳為飾之意其純緣之下分為四獸首兼著饕

餮之形夫以昭貪婪之戒二者制作相類特
前一器銅滓漸漬黃綠相間後一器黤如鉛
色非久於潛壤者不能如此宜皆出于周

周夔龍乳彝

右高四寸三分深三寸一分口徑五寸四分
腹徑六寸一分容三升四合重四斤六兩兩
耳有珥無銘是器純緣之外作夔龍狀間以
雷紋而腹間有乳環之是下作饕餮以虎首
為耳按六彝有虎彝䧺無它飾是器雖䧺取
象故以夔龍乳命之庶幾不謬其所稱耳

周夔龍彝

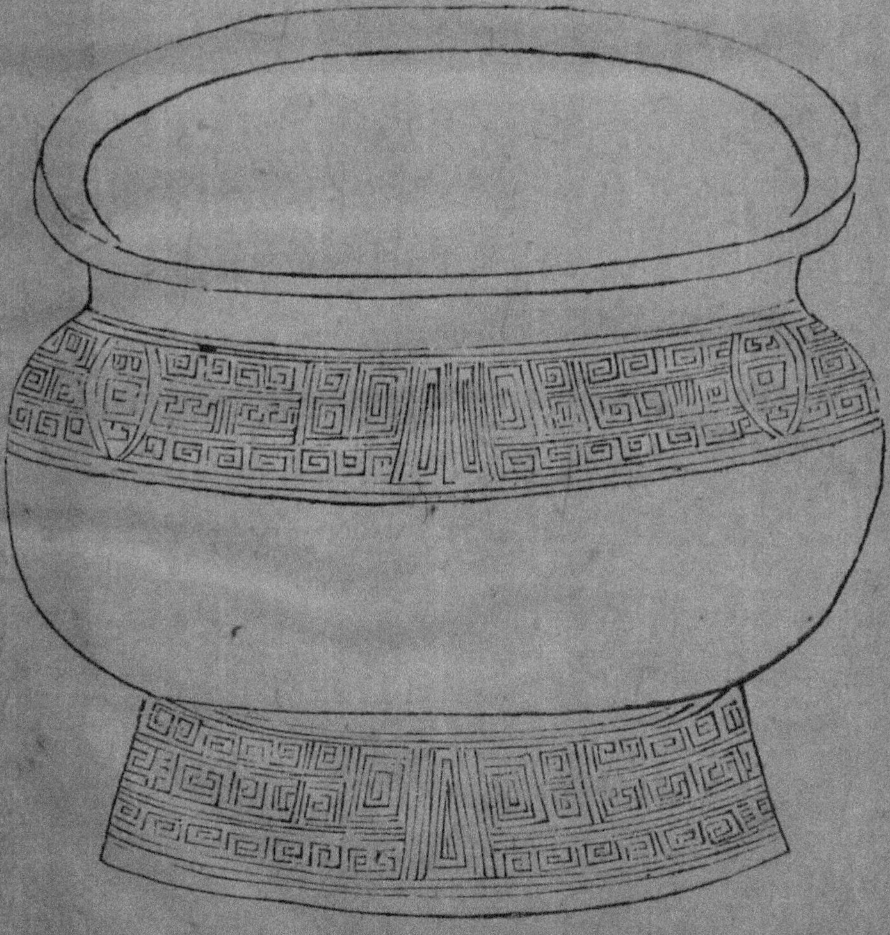

右高四寸九分深二寸八分口徑五寸四分腹徑五寸二分容二升重二斤四兩兩耳無銘是器腹間純素是與純緣之外夔龍雷紋交錯之間兩竅可以貫繩形模雖與周饕餮彝相類但此器差小然赤緑相間畧無銅色爲可佳耳

周高足彝一

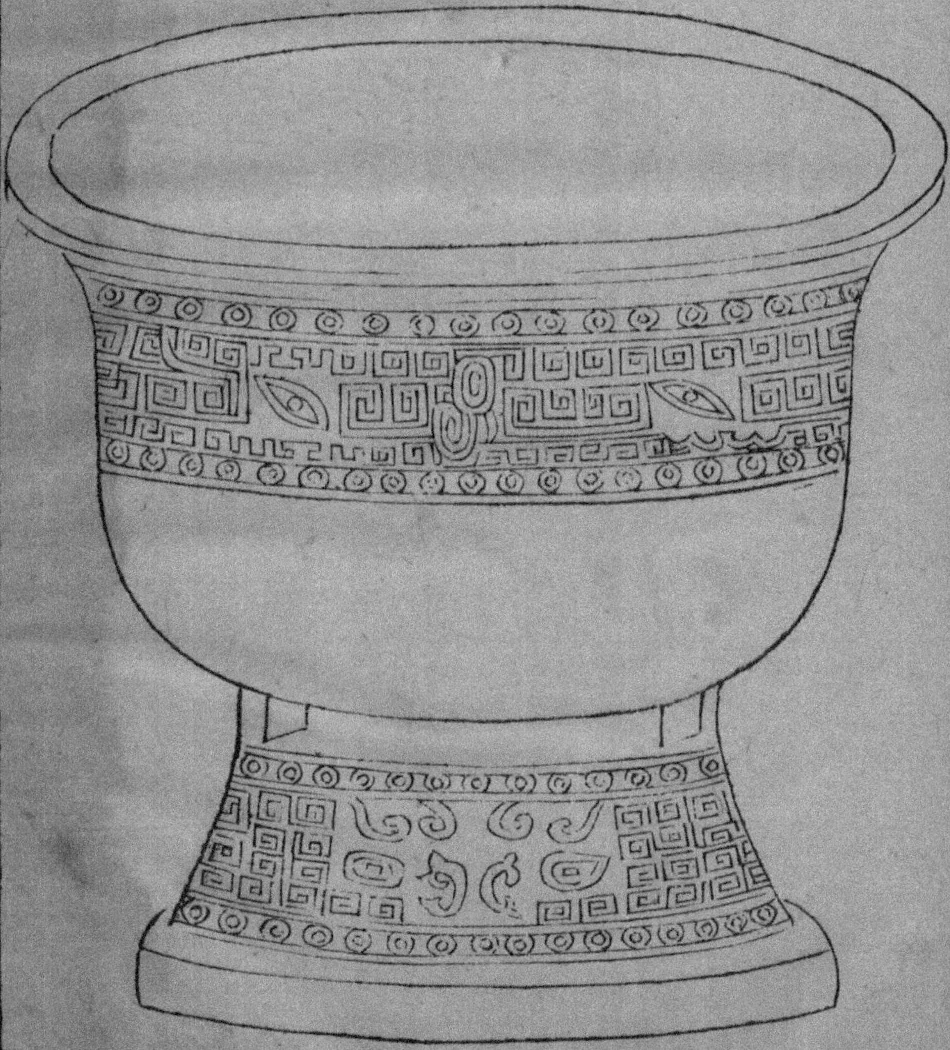

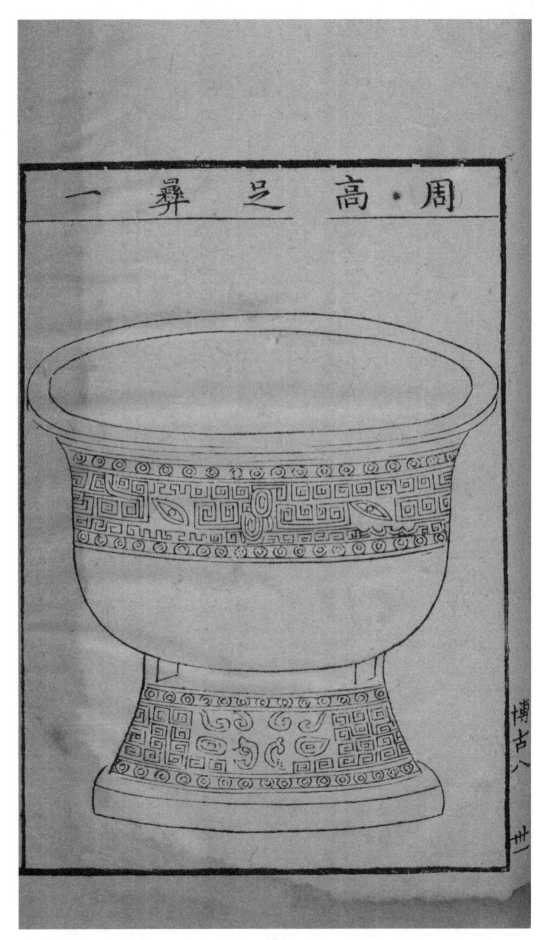

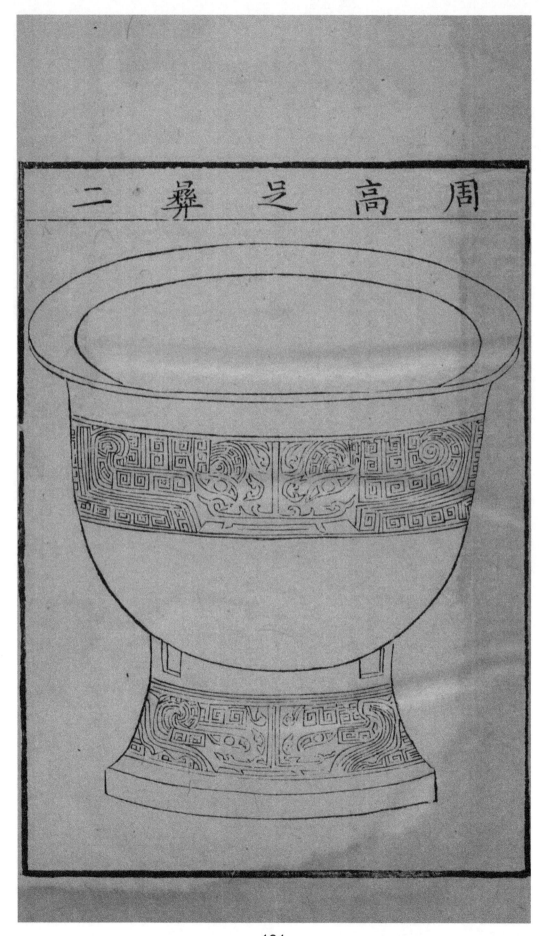

周高足彝二

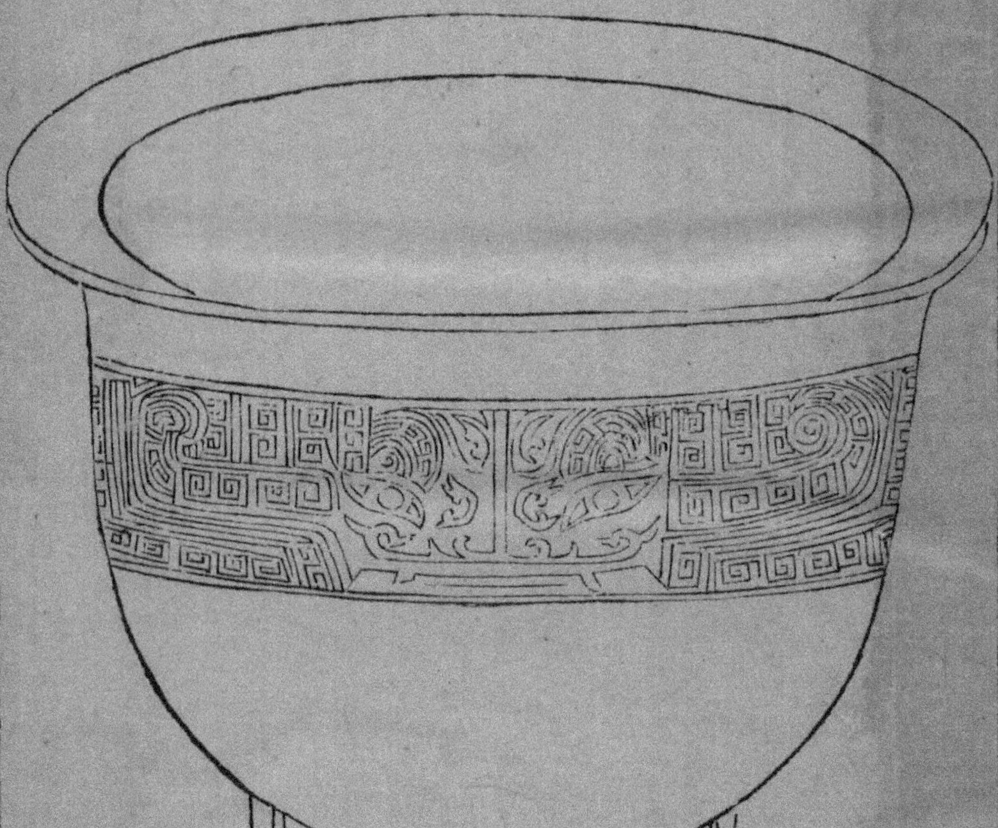

前一器高八寸一分深四寸八分口徑八寸五分腹徑七寸二分容八升重八斤無銘後一器高八寸七分深五寸九分口徑一尺七分腹徑九寸七分容一斗二升有半重五斤十有二兩無銘

右二器其足比它彝稍高前一器純緣之下及足之上雷紋與夔龍相蹂蹙周以連珠後一器三面作饕餮周體飾以雲雷其足有竅

可以貫繩比商彝文鏤過之純質則有所不逮其為周器明矣

周蟬紋雷彝

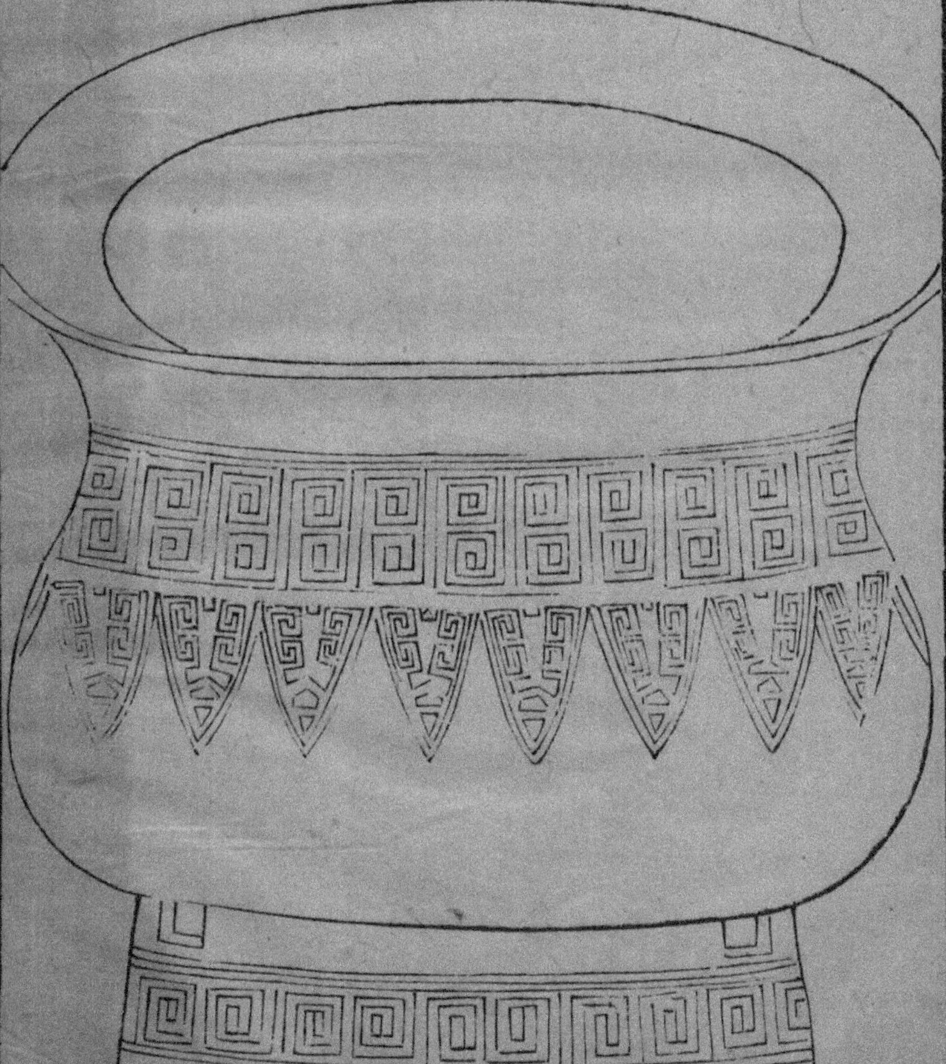

博古八　廿三

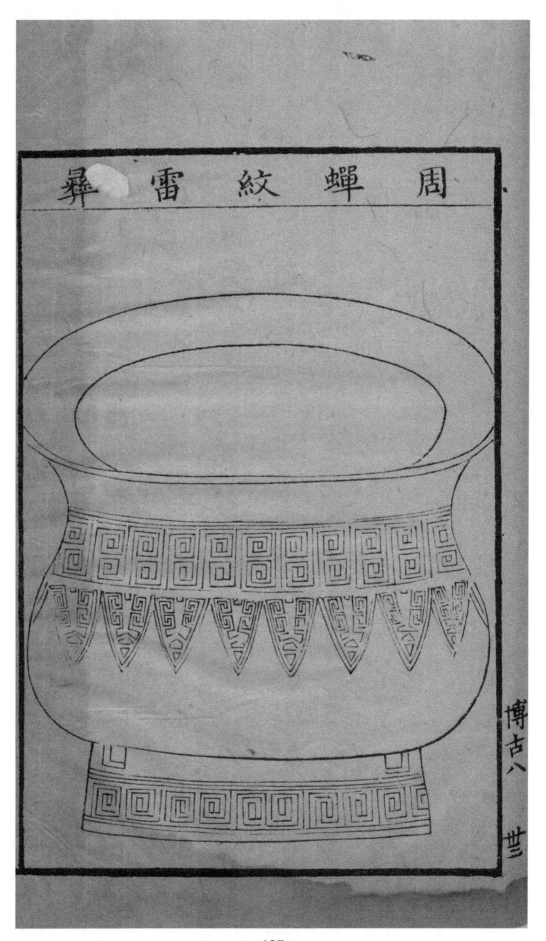

右高六寸一分深四寸一分口徑一尺三分腹徑九寸五分足徑六寸六寸容一斗一升三合重五斤四兩無銘是器腹間著以蟬紋而腹之上與足則以雷紋飾之純與腹之下則皆無紋豈非周初之時尚存商質之風耶

周饕餮彝

右高五寸七分深四寸一分口徑七寸四分
腹徑六寸六分容四升八合重四斤十有四
兩無銘是器彝也純緣之下以饕餮為飾饕
餮之間作細雷紋腹是純素不加瑑鏤寔周
初物耳

周蟠夔彝

博古八 廿五

右高四寸八分深三寸三分口徑六寸腹徑五寸二分容二升六合重三斤七兩兩耳有珥無銘是器兩旁蟠以四夔以雷紋間之是間飾以飛鳳耳狀螭首製作奇古非周全盛時不能有此夫夔獸之害物者今蟠而不申鳳鳥之瑞世者今翔而来儀則其德及鳥獸昆蟲也至矣彝之為器所以享神於宗廟非盛德成功無以享也於是以其彝器而飾之

焉葢周之尊彝每以鳥獸爲飾者固各有義
所謂遠取諸物者是也

周蟠夔直紋彝

博古八 廿七

右高五寸深三寸九分口徑六寸九分腹徑六寸五分容四升七合重五斤四兩兩耳有珥無銘是器純緣下飾以蟠夔腹間密布直紋如竦橘設飾簡妙而製作去商為未遠大槩與商雲雷寶彝略相類耳

漢散足舟

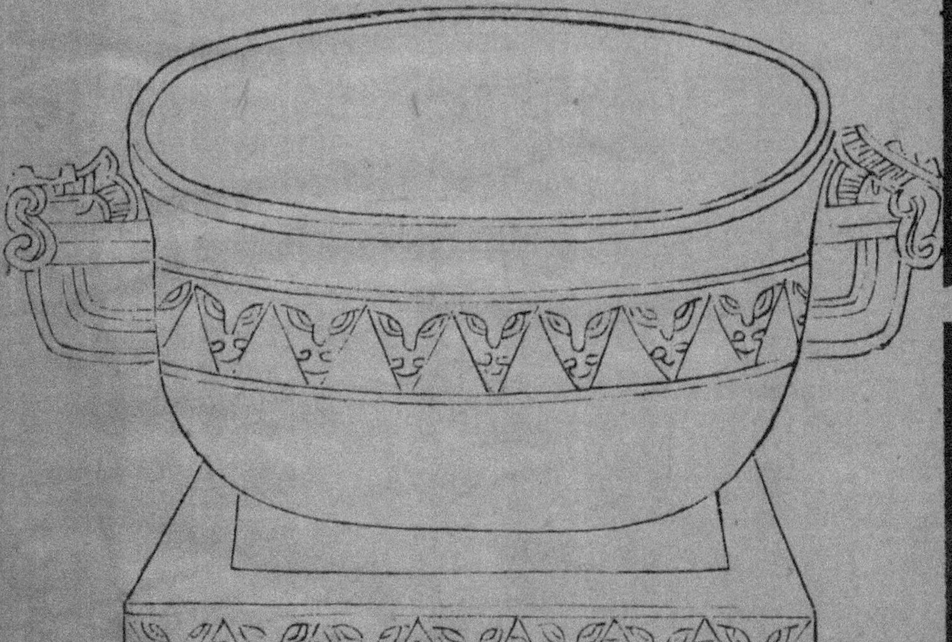

右高四寸九分深三寸一分口徑九寸二分容六升六合重六斤二兩兩耳無銘此舟上圜下方取象天地而耳作螭首物之流形圜則行方則止行則能應止則能定夫耳間著螭蓋示其威之能剛制矣又方其足以取能定之義古人垂訓豈不美哉雖然舟之形制往往上下皆圜而此乃變體與毀敦相類故因名之曰敦足云

漢垂花舟

右高三寸七分深三寸二分口徑八寸五分容五升七合重四斤兩耳無銘以牛首為耳腹間飾以虺紋其下垂花舟之用在於承彝而花蕚亦有相承相蔽之義故特取諸此是器與伯戔盦相類但差大爾恐漢人象彼而為之

博古圖錄考正卷第八

博古圖錄考正卷第九

總說

卣一 一十五器

商

持刀祖乙卣 銘一十四字

執戈父癸卣 銘六字

言卣 銘六字

田卣 銘二字

世母辛卣 銘五字

卦象卣 銘二字

祖辛卣 銘七字

立戈卣 銘作立戈形

兕卣 銘二字

執爵父丁卣

寶卣一 銘四字

寶卣二 銘八字

瞿祖丁卣銘一十二字

兄癸卣銘五十字

冊卣銘二字

總說

卣之為器中尊也夏商之世總謂之彝至周則鬱鬯之尊獨謂之卣葢周官尊彝皆有司所以辨其用與其實所謂六彝者雞鳥斝黃蜼虎也六尊者獻象著壺泰山也而祫祭則合諸神而祭之者也故用五齊三酒通鬱鬯各二尊而尊之數合十有八禘祭則禘祖之所自出者也故用四齊三酒闕二尊而尊之

數合十有六是則通於鬱鬯二尊者其所以爲卣也何以言之成王寧周公之功而錫之以秬鬯二卣平王命文侯之德而錫之以秬鬯一卣皆實以鬱鬯知其爲卣明矣蓋秬者取其一稃二米和氣所生鬯則取芬香條達而和暢發於外卣之所以爲中者唯其備天地中和之氣非有事於形器之末而已凡所以錫有功賞有德是亦使其強不過中闕二字

鞭後不失夫至中之道故爾然彝也尊也卣也皆盛酒之器用有所宜則名有所不同賈公彥以謂上尊曰彝中尊曰卣下尊曰壺爾雅亦曰卣中尊也故取其中中也者天下之大本以其德足以成天地而配之者也故卣所以實之鬱鬯者義在茲歟

商持刀祖乙卣

博古九 五

博古九　六

蓋

孫形特刀作祖乙
寶尊彝

器

音釋同前

右通蓋高一尺二寸四分深七寸五分口徑
長四寸八分闊三寸六分腹徑長八寸六分
闊七寸二分容六升九合共重九斤十有二

兩兩耳有提梁蓋與器銘共十四字曰祖乙者河亶甲之子也孫象形而手執刀蓋孫又疑其為子字子蓋商姓也先王之事親於耤則必秉耒於牲則必執系於羞嚌則執鸞刀於入舞則執干戚几於祭饗未嘗不竭力從事以職其勞則卣之持刀不亦宜乎禮記云祖而割烹義取於此觀其字畫奇古形制瓌異可以為諸卣之冠

商執戈父癸卣

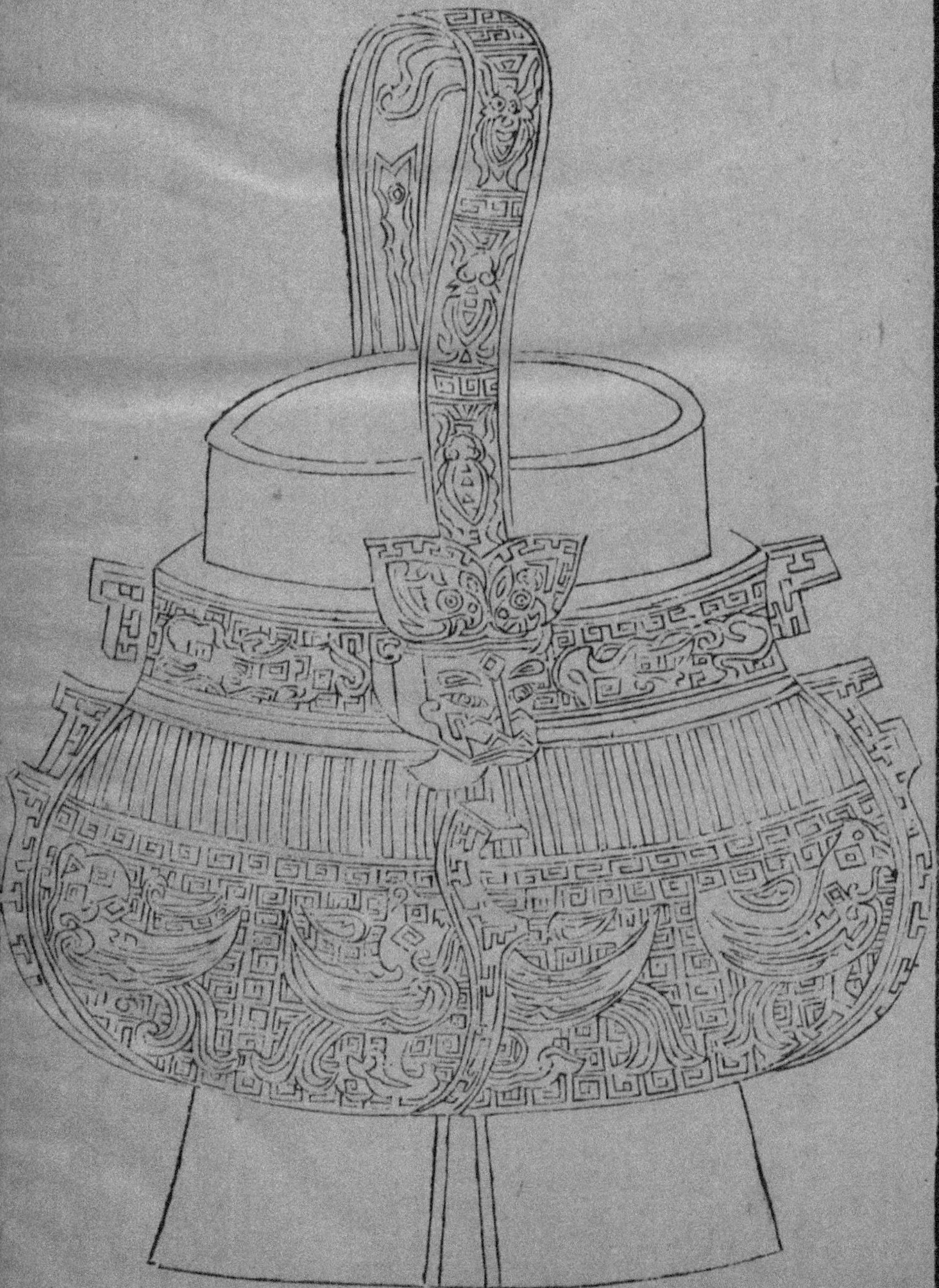

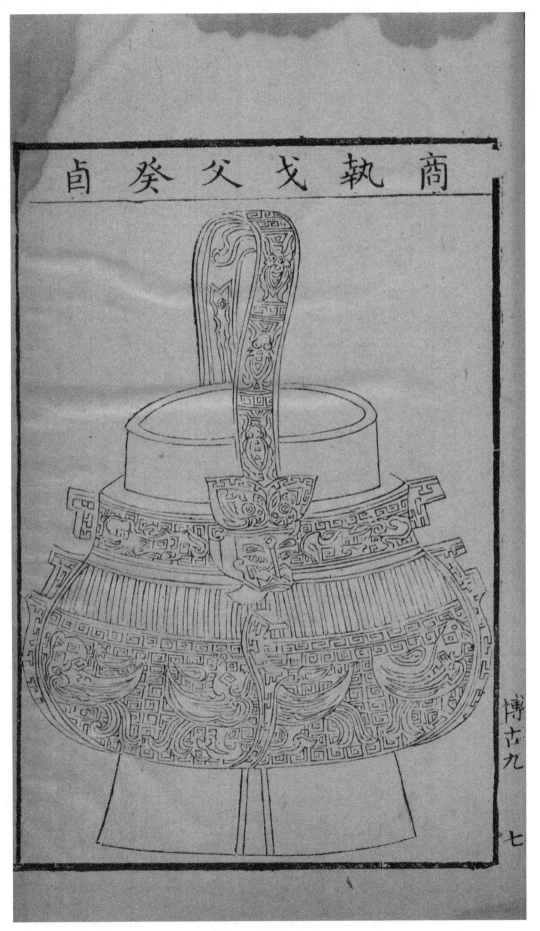

盖

孫執戈形父癸

器

音釋同前

右通盖高一尺一寸六分深七寸五分口徑
長四寸四分闊三寸二分腹徑長七寸三分

闊五寸六分容六升三合共重十有五斤六兩兩耳有提梁蓋與器銘共六字父癸者商天乙父主癸也上作人形手執一戈按諸銘款多為戈狀或立之或横之至此乃執焉蓋戈所以戒其過苟念於須臾而忽於持久謹於憂勤而失於懈怠則戈之戒將忘矣非特戈也蓋有所謂執鸞刀有所謂執一金啟黍或曰執玉或曰執爵皆因其事而有執焉觀

其器悉以鳳鳥為飾而鳳之為物因時而隱顯覽德輝而下者也器以藏禮而取飾於是非禮文之盛曷以稱此昔周官掌六彝有以鳥彝為名者鄭玄所謂刻而畫之為鳳皇之形其法蓋取於此然後世但知歸美於周而不知商實有以肇之也

商言卣

蓋

内○言

器

音釋同前

右通蓋高九寸八分深六寸二分口徑長四寸闊三寸三分腹徑長七寸闊六寸三分容

四升二合共重七斤十有一兩兩耳有提梁蓋與器銘共六字其篆畫不少異惟中一字與銘意皆未可詳此器制作純厚而不雕巧銘復簡略規模與商夔龍卣相類定一時物也

商田卣

蓋

田

器

音釋同前

右通蓋高八寸深四寸九分口徑長四寸一分闊二寸九分腹徑長七寸闊五寸一分容

三升五合共重五斤九兩兩耳蓋與器銘共一字飾以雲雷夔龍之形紋鏤華巧切近人意其銘曰田耳間連環以為提梁而今乃殘缺不見其完亦可惜也且田者粢盛之所自出而卣之為器中尊也詩書所謂秬鬯者正一稃二米之謂焉銘田者豈非追本而為言耶

商世母辛卣

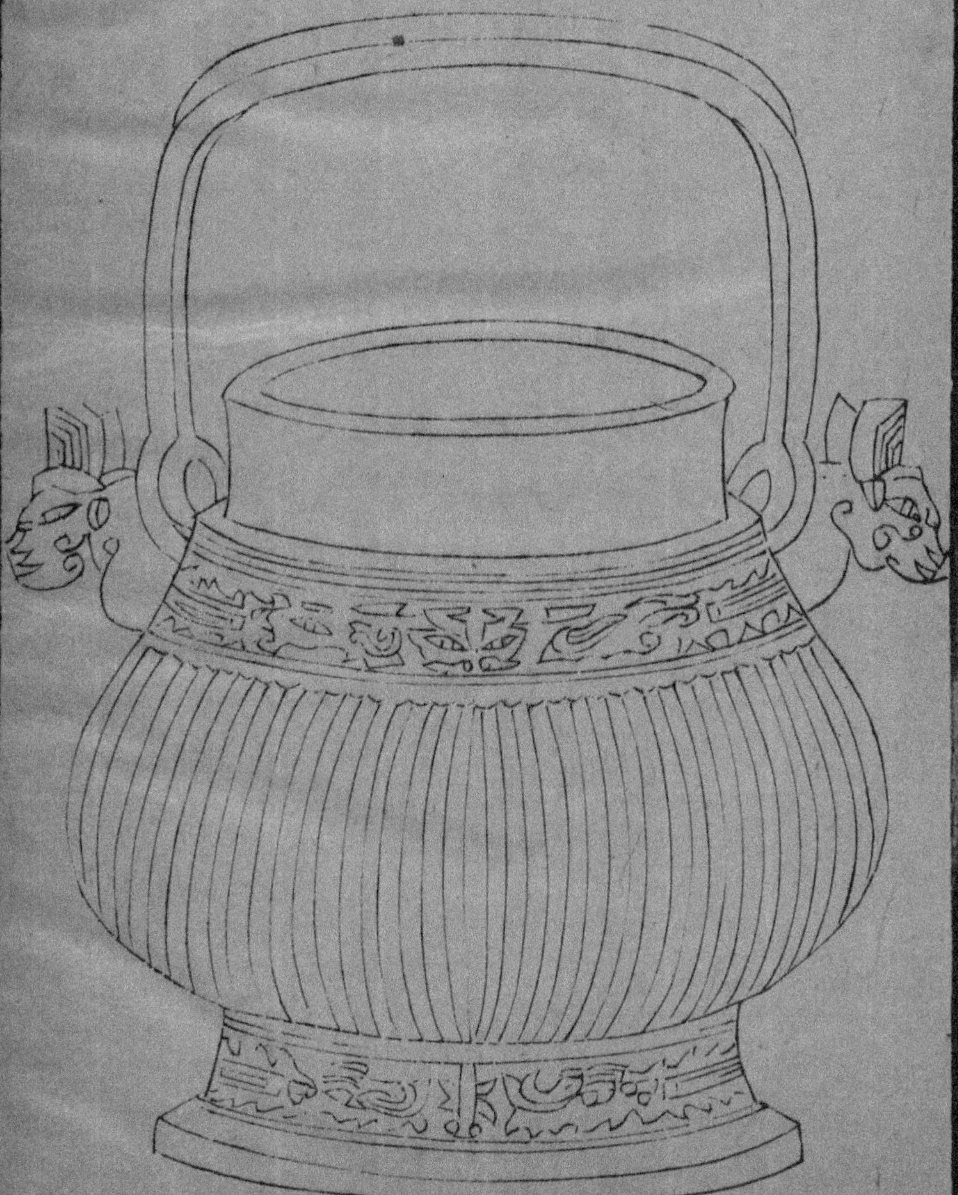

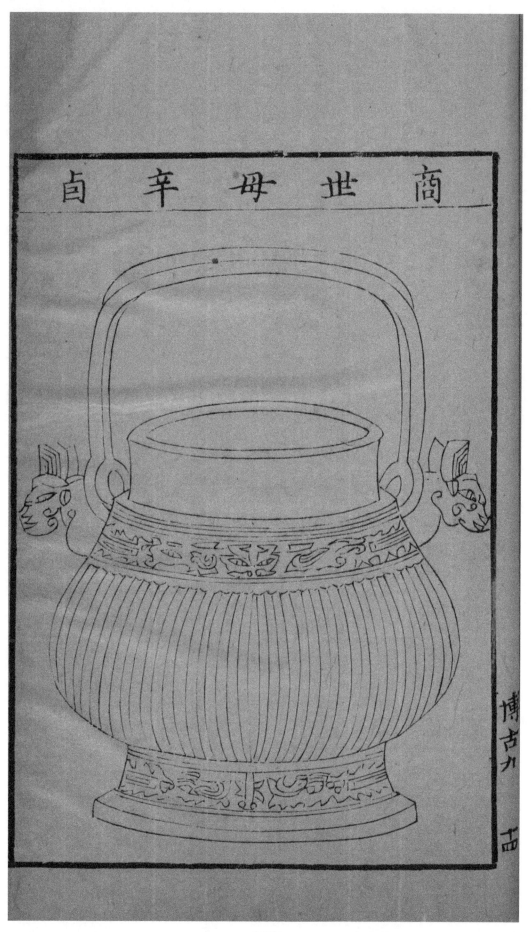

蓋

母辛

器

世母辛

右通蓋高九寸七分深六寸五分口徑長四寸一分闊三寸腹徑長七寸闊四寸三分容五升七合共重八斤六兩兩耳有提梁蓋與器銘共五字器上一字作三乂按說文世字從三十故以此為世字以世為銘者盖欲世

世傳之子孫不絕而已且三乂又意其為五字從二一而交之象陰陽交午之義天數窮於九地數中於六九六之數為十五而（闕字）二天地之數備三乂者十五也古之聖人極其數遂定天下之象故以之制器而天地之數寓焉是則制字之妙未易以一理推也且辛為商號而曰毋辛即商史所謂辛毋者是也蓋古人命辭或上或下其變易類多如此

商卦象卣

盉  卦象

器  音釋同

右通盉高一尺四分深六寸口徑長二寸八分闊三寸腹徑長五寸七分闊四寸八分容三升六合共重六斤十有四兩兩耳有提梁盉與器銘共二字作卦象觀古人畫卦奇以象乎陽耦以配乎陰一奇一耦而陰陽之道

全一虛一實而消息之理備然易始八卦而文王重之為六十四卦夏曰連山商曰歸藏周曰易是卦也上下爻皆陽有乾之象中二爻皆陰有坤之象虛其中亦取象於器所謂黃流在中者義或在焉雖不見於書惟漢楊雄作大玄八十一首以擬易曰方州部家今爭首一方三州三部一家與此卣卦象正同雄於漢最號博聞殆玄之所自而作耶

商祖辛卣

孫執戟執木祖辛
作彝尊
寶

右高九寸三分深七寸五分口徑長四寸五分闊三寸三分腹徑長八寸闊七寸一分容六升九合重十有三兩兩耳關盖有提梁銘七字曰祖辛作彝尊又象人形右執木左執

戟按商十四代君曰祖辛盖祖乙之子沃甲之兄祖丁之父也其象人形而執木執戟者殆是其武舞也木當是朱干戟當是兵舞昔舜之時舞干羽于兩階以格有苗則五帝之前其武舞亦所不廢武王之樂曰大武而舞如之則三王之後其用以濟時者又所不敢忘武也豈商之時獨不肰耶攷商有天下至祖乙而政復興祖辛繼之而善述其事則干

以自衛戟以攘敵者於祖辛有之也宜銘是器以旌之又嘗求其用舞之由固有文舞有武舞凡山川之祀社稷之祀四方之祀與其持盈守文之君皆以羽旄之舞而文舞是也若以武得天下故於是有干舞焉武舞是也祖辛之迹不見於書傳而特有此武舞固可以類求矣

商立戈卣

博古九　二十

立戈形

右通盖高九寸二分深六寸二分口徑長四寸五分闊三寸八分腹徑長七寸五分闊六寸容五升三合共重八斤六兩兩耳有提梁銘作立戈形書稱四人綦弁執戈又曰兊之

戈在東房則戈於五兵為利器王安石字書戈從一不得已而用欲一而已以是銘其器蓋亦示戒之義按商有立戈鼎有立戈父甲鼎與此意同是器通體兩面狀饕餮間以雷紋提梁為虎首蓋皆示其防閑之理

商兕卣

博古九 廿二

器

兕

蓋

兕

右通蓋高一尺三寸深六寸四分口徑長三寸八分闊三寸五分腹徑長七寸闊六寸五

分容五升七合共重一十斤十有二兩兩耳有提梁蓋與器銘共二字作兕形語云虎兕出於柙則兕非馴獸有害於人者故昔人用以為罰爵曰稱彼兕觥是也觥既曰兕則宜卣亦有兕是器提梁之兩端亦象兕首而通體作饕餮狀豈不有所示其戒耶商尚質於是銘諸器者或以其形此所以與周器異耳

商執爵父丁卣

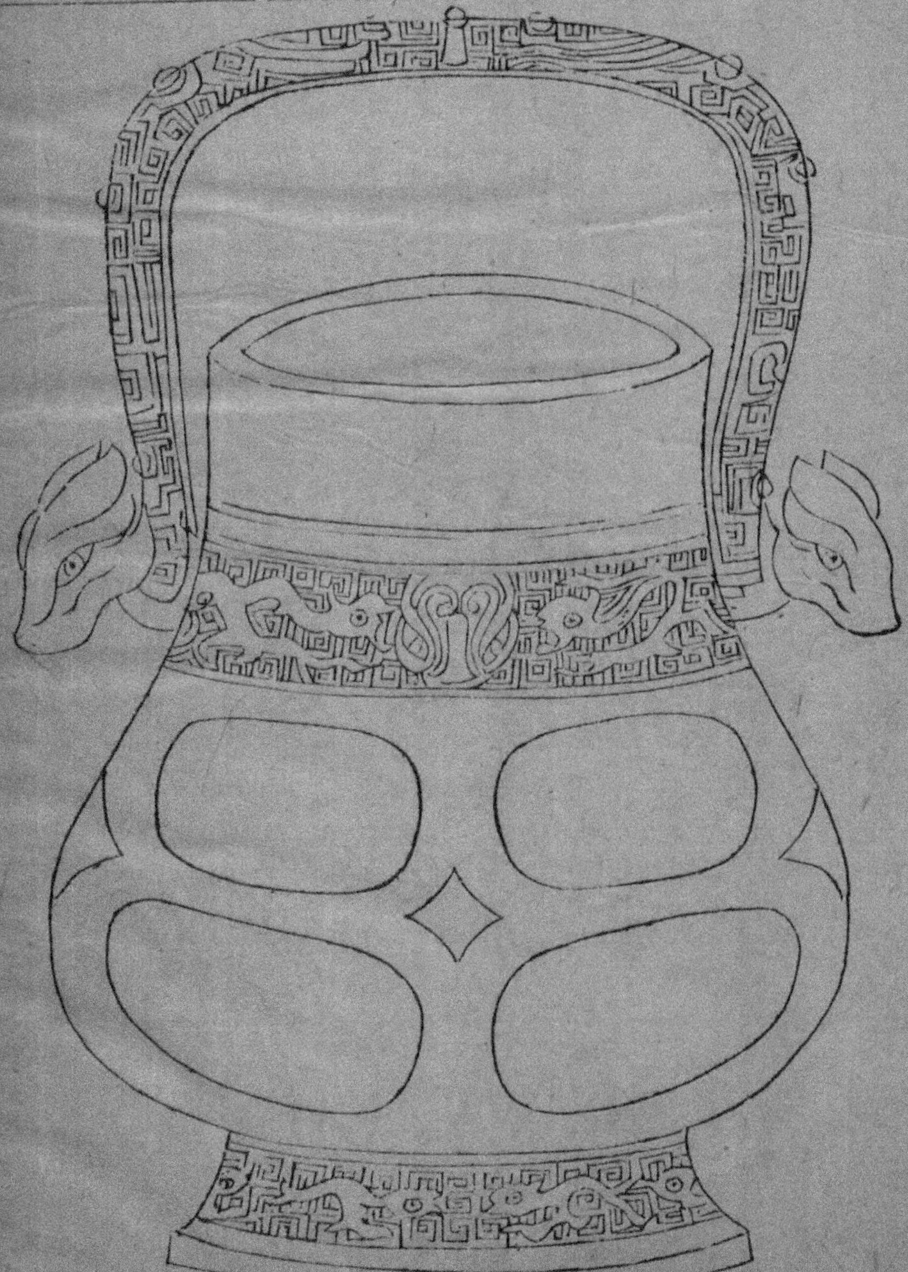

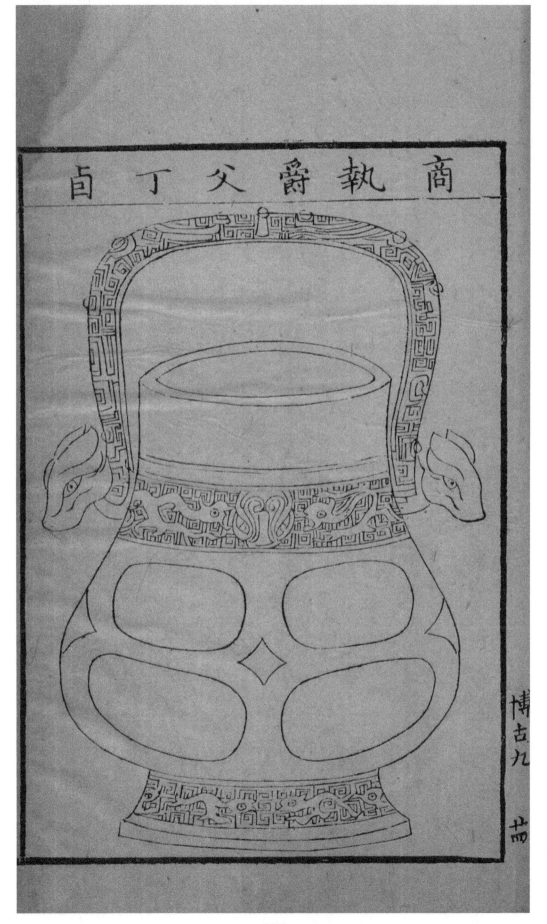

象執爵形 父丁

右高八寸四分深七寸七分口徑長三寸七分闊二寸七分腹徑長五寸六分闊三寸五

分容三升六合重四斤十有三兩兩耳闕盖
有提梁銘三字上象手執爵形考□之狀口
引如流下列三足有爵之象旁畫以又說文
謂又手也按禮記曰孝子如執玉如奉盈洞
洞屬屬然如弗勝如將失之則以手附爵者
盖見於如將失之之意非盡其欽而欽者孰
能臻此商之君以丁為號者六曰父丁則未
詳其何丁也

商寶卣一

博古九　廿六

作寶
尊彝

商寶卣二

博古九　十七

蓋

作寶尊彝

器

音釋同前

前一器高五寸深四寸五分口徑長三寸八分腹徑長六寸四分容三升四合重三斤十有三兩兩耳闕蓋有提梁銘四字

後一器通蓋高六寸八分深四寸八分口徑長三寸六分闊二寸七分腹徑長六寸八分

闊五寸五分容一升九合共重二斤十有二兩兩耳闌提梁蓋與器銘共八字
右二器皆卣也不書作者之名而總謂之尊彝一無蓋一闌提梁猒製作渾厚而飾以牛形牛之為物能興民功致民力出作入息而服畎畝之事先王於器用之間所寓自有理致周司尊彝春祠夏禴所用獻尊以牛為飾其原蓋出於此

商瞿祖丁卣

蓋

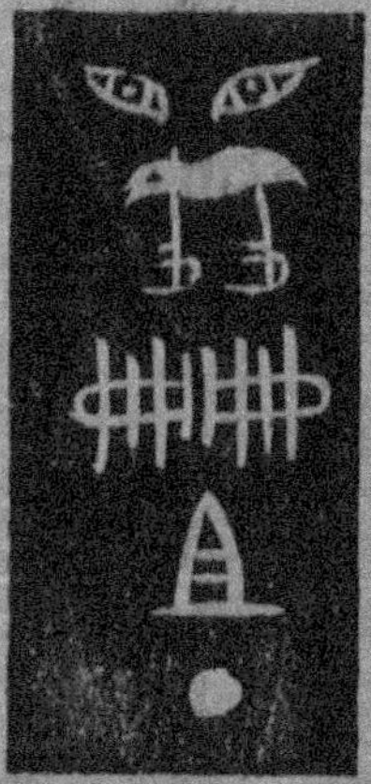

瞿犧形牛冊冊祖丁

器

音釋同前

右通蓋高六寸四分深四寸四分口徑長三寸一分闊二寸三分腹徑長四寸八分闊三寸五分容一升五合共重二斤十兩兩耳闕

提梁盖與器銘共十二字曰瞿者質諸經傳無所見而商有瞿父鼎亦作兩目相並正與此卣同寔一時之制曰祖丁者商十四世君祖辛之子也中為犧形下為兩冊皆取象於物而書畫未分至周官司尊彝有曰犧尊者飾以犧牛盖所因者商之遺意耳畫以兩冊所以為冊命也亦猶康王命畢公而曰冊畢制器尚象其義如此

商兄癸卣

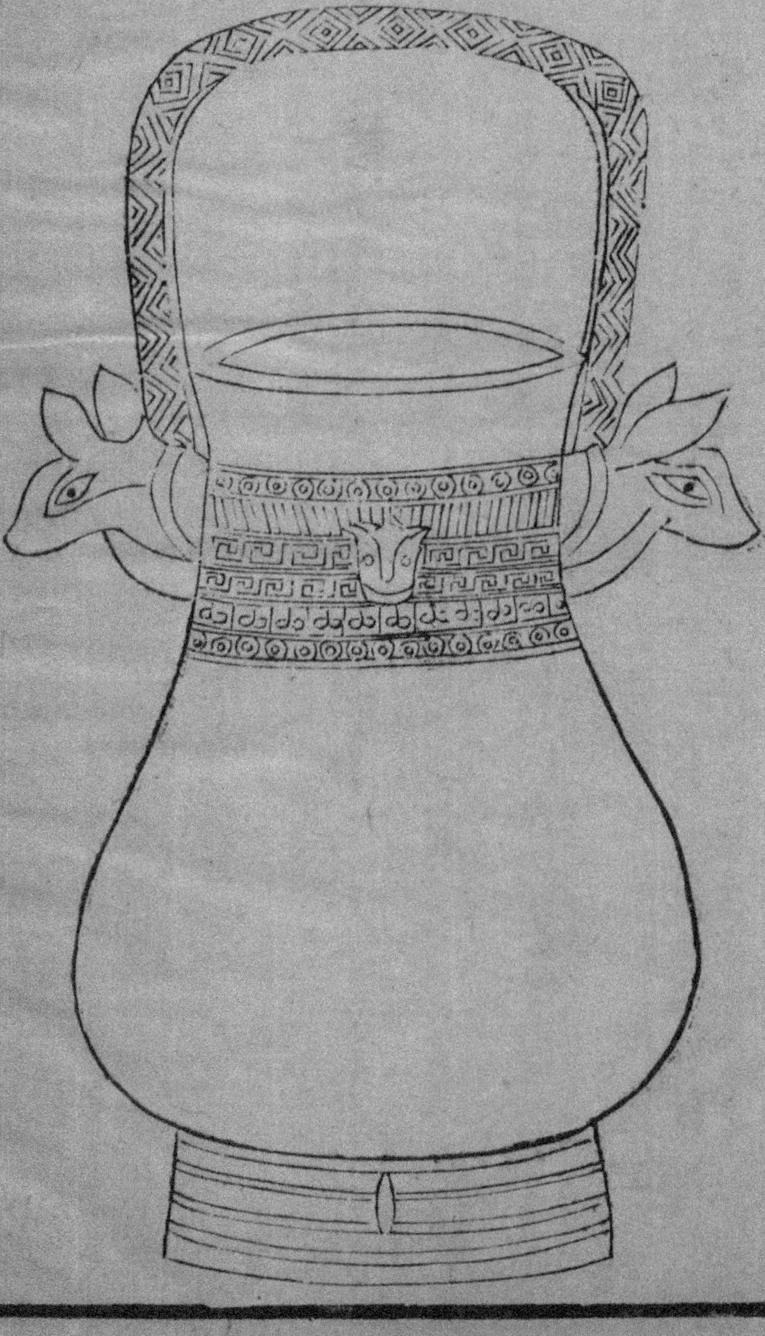

盖

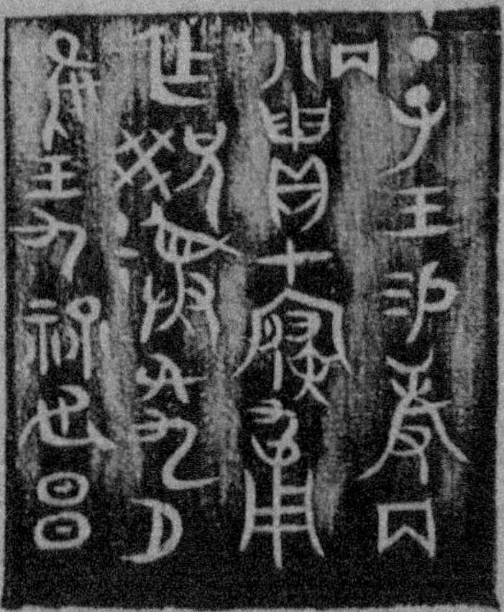

丁子王錫爵丙象形闕字
申貝在寒用
作兄癸彝十九夕
惟王九祀世昌

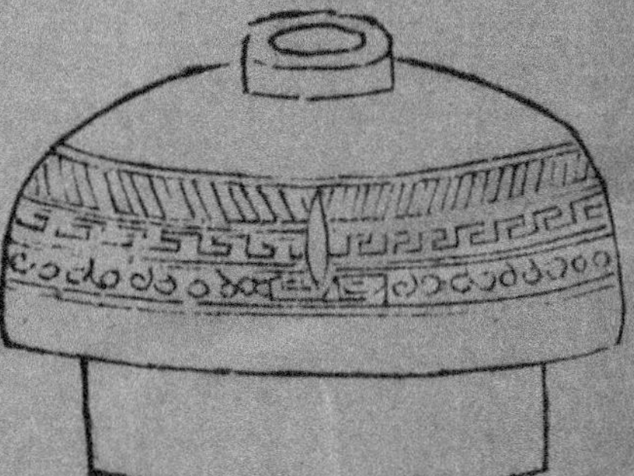

器

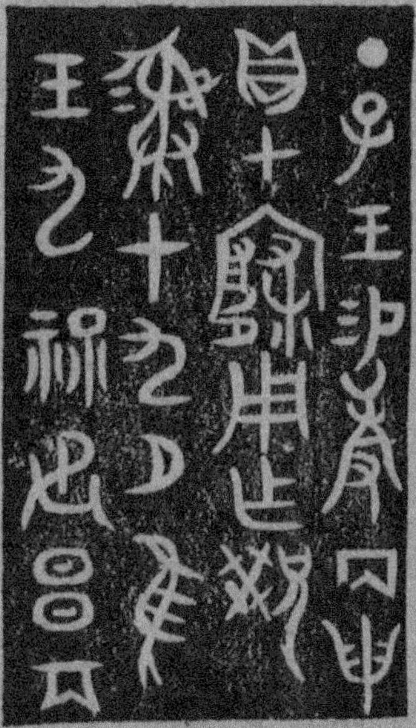

丁子王錫爵丙申
貝在寒用作兄癸
彝十九夕惟
王九祀世昌 象形爵字

右通蓋高七寸三分深五寸三分口徑二寸一分腹徑四寸容一升六合共重二斤十有二兩兩耳有提梁蓋與器銘共五十字曰丁子王者按商無諡號皆以天之十日配之三則三代之同稱也兄癸者則兄弟相承之辭

故祀其先王或稱祖丁卣之類或稱父若招父丁爵之類或稱兄若此卣之類又曰惟王九祀者爾雅云唐虞曰載夏曰歲商曰祀周曰年其言祀則知此卣之出於商也其末曰世昌者蘄世世昌盛有如此銘也他器有曰子子孫孫萬年無疆之類也著以鬲形者古人於酒器多以此為飾故尊也爵也皆作此狀蓋欲如鬲之炊氣上下交通而已

商冊卣

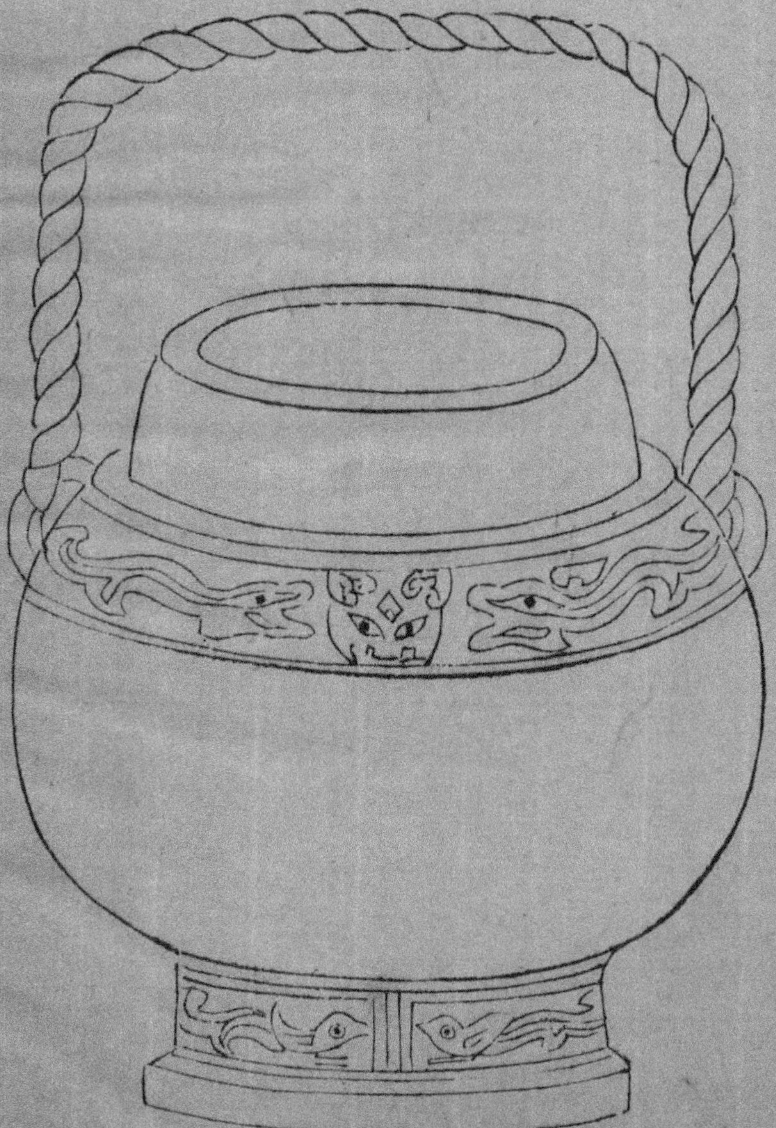

蓋

卌

器

卌

右通盖高六寸五分深三寸六分口徑長二寸三分闊一寸八分腹徑長四寸四分闊三寸二分容一升共重二斤五兩兩耳有提梁盖與器銘共二字曰卌且卣所以承君之錫

然後享于祖廟之器故必言冊以紀君之命
商之辭略故一言而足是器頂中作爵柱以
為舉持之具又以綯紐為提梁而其足與蓋
皆著飛鳳相嚮之狀蓋之旁又作山形間以
蟬紋純緣外則以獸首為鼻之飾以夔龍左
右環之蓋商器多此類也

博古圖錄考正卷第九

博古圖錄考正卷第十

卣二 一十八器

商 一十五器

父丙卣 銘一十二字

父巳卣 銘三字

父辛卣 銘八字

執匕父丁卣 銘六字

持干父癸卣 銘三字

婦庚卣銘七字
父舉卣銘三字
史卣銘一字
持刀父已卣銘一十四字
毋乙卣銘二十二字
冀父辛卣銘一十四字
祖庚卣蓋銘三字
夔龍卣一

夔龍卣二
夔龍卣三
周三器
淮父卣銘八十二字
單癸卣銘五十八字
樂司徒卣銘二十二字

商父丙卣

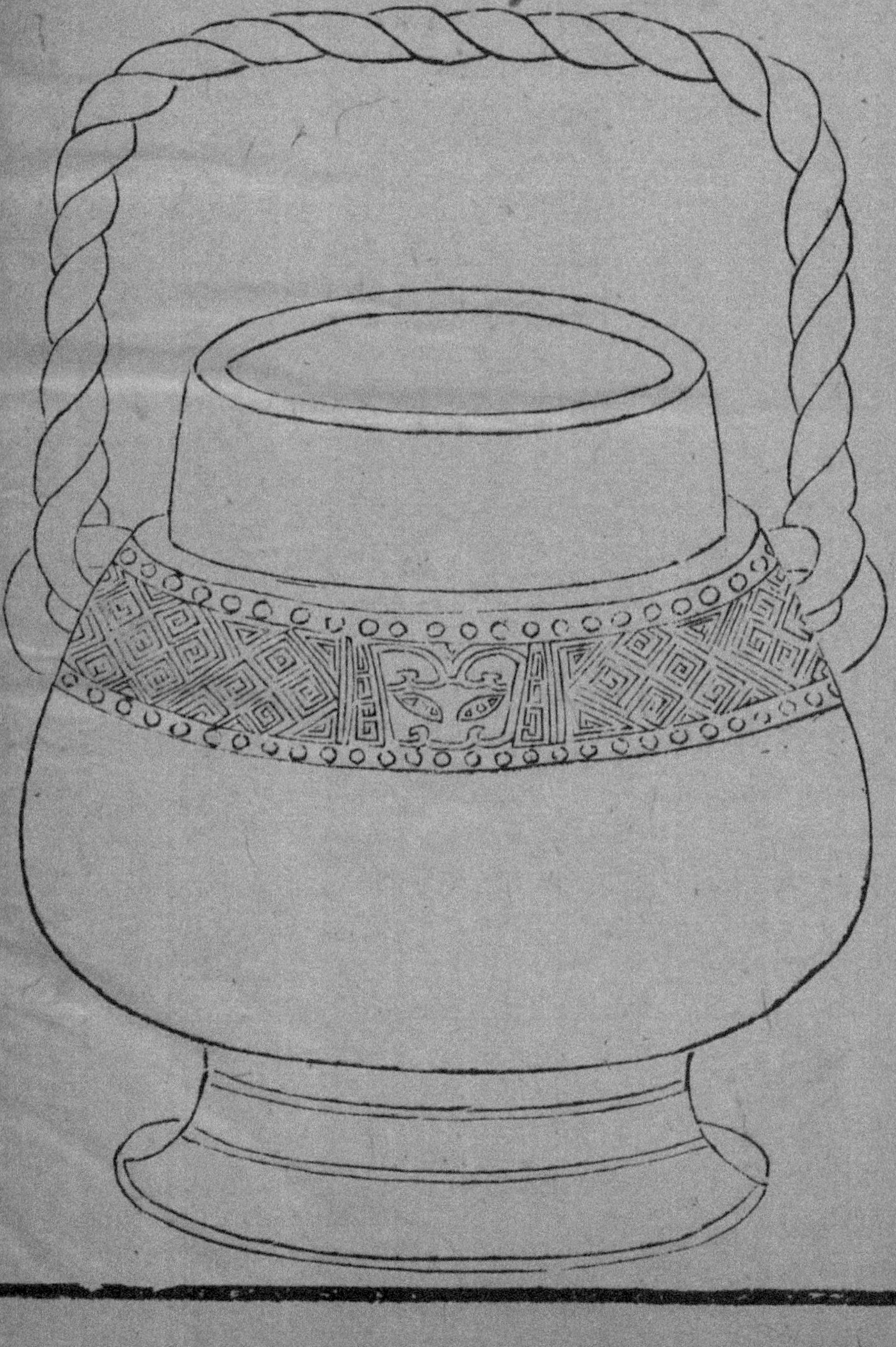

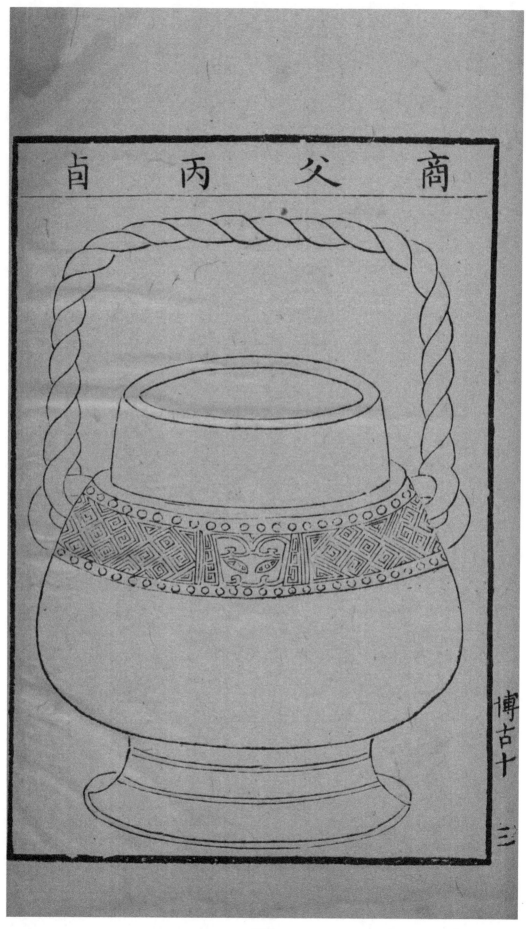

盖

手執禾
二矢父丙
弓孫

器

音釋同前

右通盖高一尺三分深六寸三分口徑長三寸九分闊三寸二分腹徑長七寸八分闊六寸二分容六升三合共重一十一斤十有二

兩兩耳有提梁蓋與器銘共一十二字曰父丙禾孫其上又為弓形并手執二矢飾以弓矢者意其平日之所嗜好而子孫之所以享祖考者當以是求之也然禾字全作禾穟之形亦固有義夫卣所盛者祼也為之祼者其秬鬯也秬有一稃二米稟沖氣最盛故昔人用以為鬯而享神亦示其誠之不可虛拘也銘禾於卣義固有在耳

商父己卣

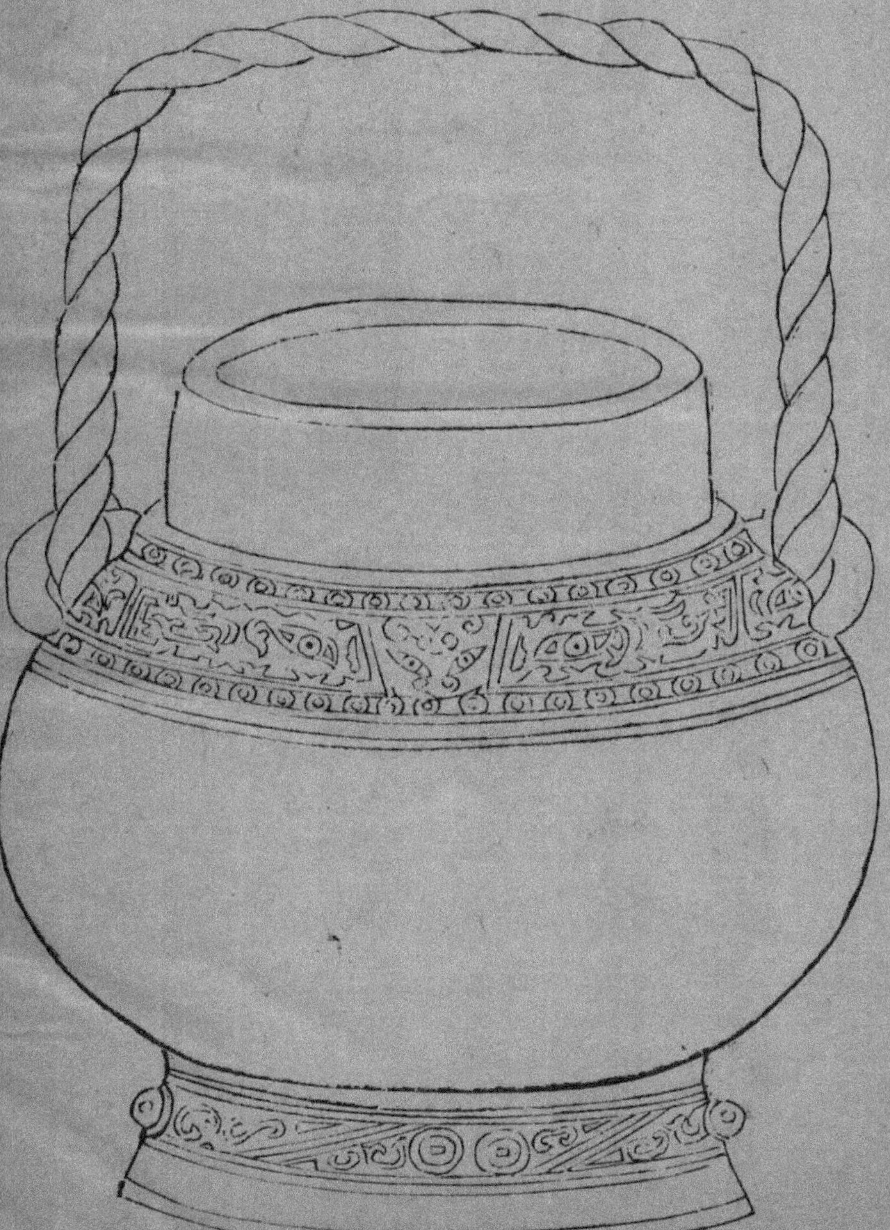

立戈形 父己

右高七寸三分深六寸五分口徑長三寸六分闊三寸腹徑長七寸四分闊五寸八分容五升有半重六斤十有二兩兩耳闕蓋有提

梁銘三字曰父已上有立戈形按商之十世君曰雍已此曰父已則是其子銘其父之祀器也故雍已之子是為小甲是器當小甲之世為之作立戈形亦以嗜好求其神也蓋古之尚象未有不及是者故於是有立戈爵有立戈觚有立戈癸尊有立戈父癸卣蓋與此意同也其製作質古真商物也但特亡其蓋耳

蓋

器

三矢形貝父辛

音釋同前

右通蓋高一尺深七寸五分口徑長三寸五
分闊二寸六分腹徑長六寸七分闊五寸四
分容四升九合共重七斤五兩兩耳有提梁
蓋與器銘共八字象三矢之形而以一格立
之曰貝父辛按書文侯之命以言平王錫晉

文侯也曰用賚爾秬鬯一卣繼之以彤弓一彤矢百盧弓一盧矢百則卣之銘三矢者得不紀君惠耶一生二二生三三生萬物則三者總數耳又詩言菁菁者莪此育材之詩也而曰既見君子錫我百朋而釋者謂古者貨貝五貝為朋則人君之錫臣下亦有及於貝者書言大貝在西房盖國之所寶也以貝銘之卣間是亦象矢之義也父辛則指其人而已

商執七父丁卣

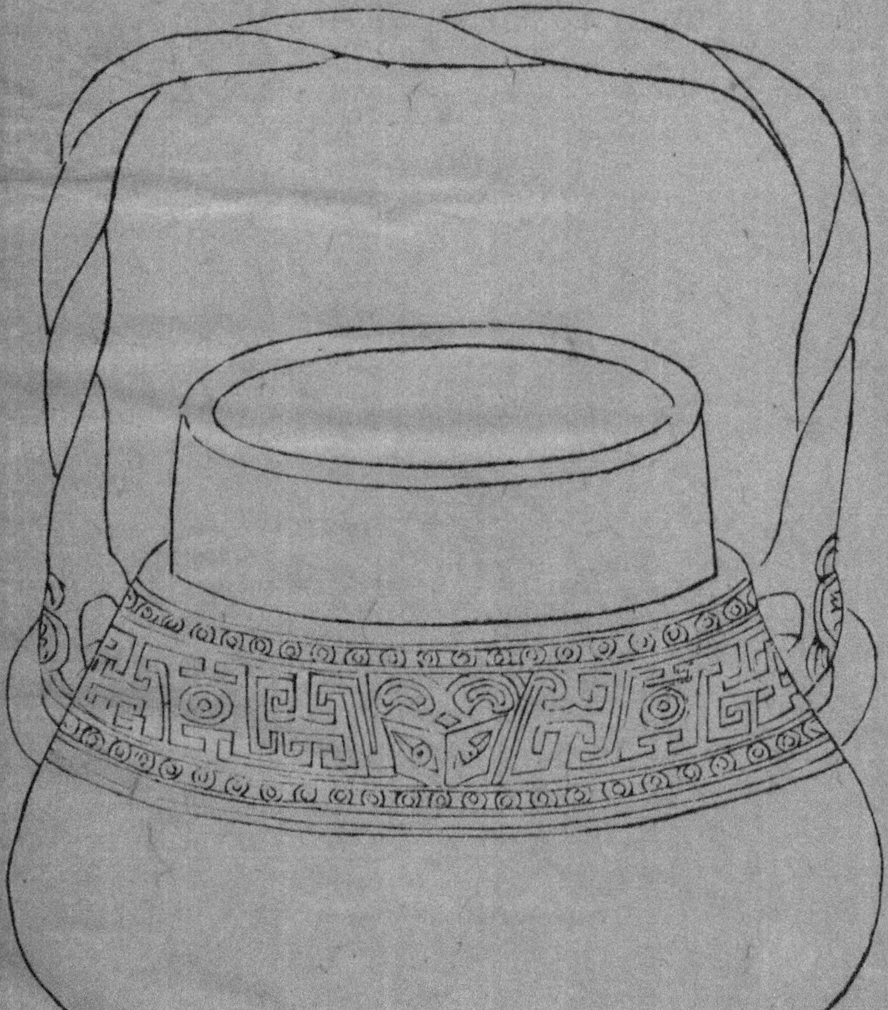

蓋

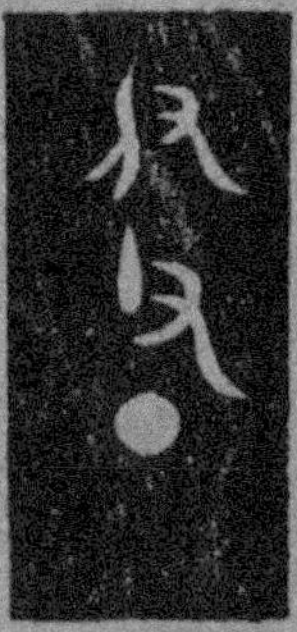

手執匕形　父丁

器

音釋同前

右通蓋高九寸四分深六寸七分口徑長四寸四分闊三寸二分腹徑長七寸七分闊五寸九分容五升九合共重七斤有半兩耳有提梁蓋與器銘共六字曰父丁又作手執匕形於其上祭祀之義以養為主而匕所以示

其養也於禮見之夫雍人掌割烹之事也而曰概鼎匕俎于雍爨則匕所以載鼎實耳又廩人掌米入之藏也而曰概匕與敦于廩爨則亦以匕黍稷焉詩曰有饛簋飧有捄棘匕則敦與簋皆盛黍稷器其為用於食明矣然則匕於飲食無所不用宜以養為主也匕之為器豈非以養為先哉

商持干父癸卣

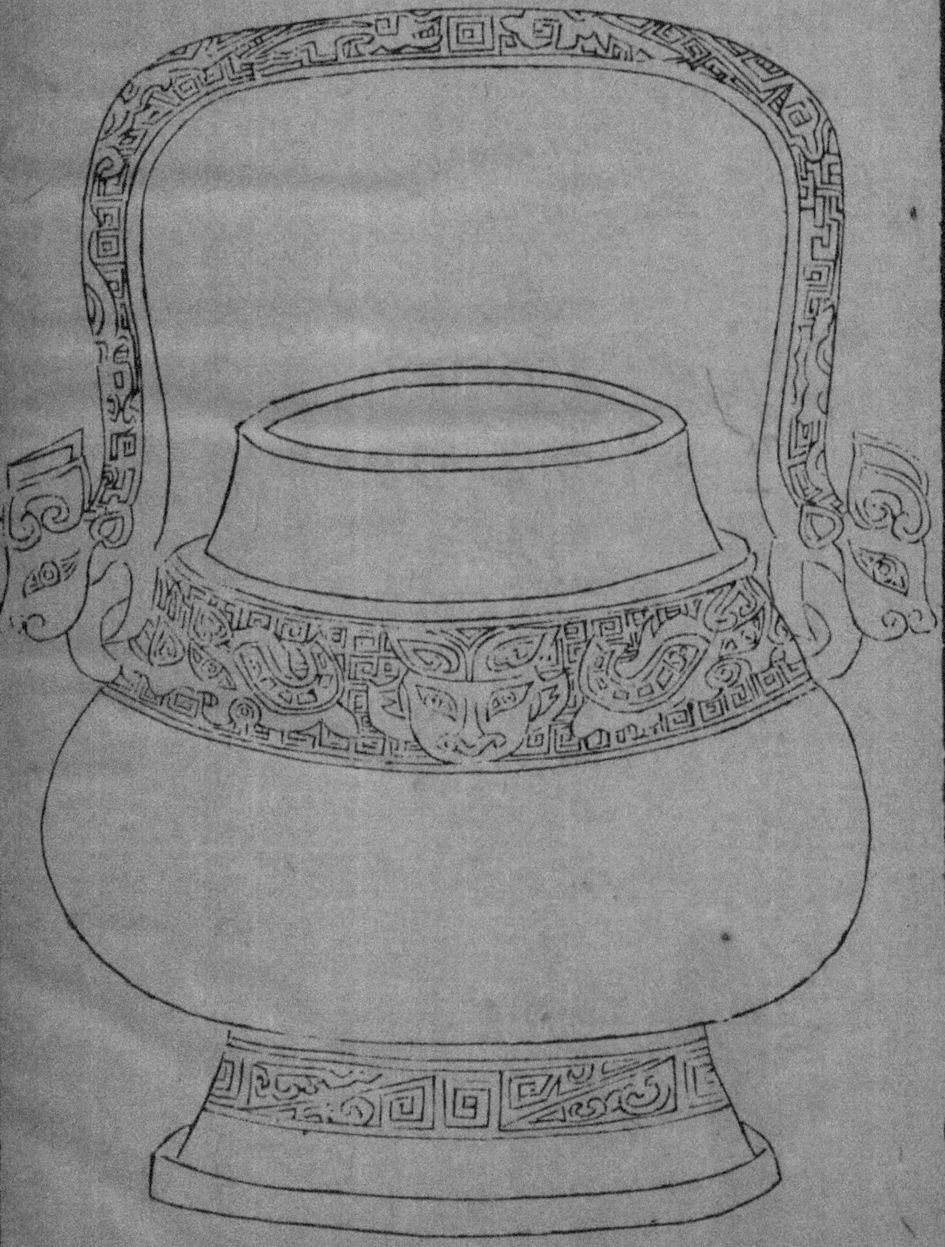

孫持干父癸

右高七寸八分深六寸七分口徑長四寸五分闊三寸三分腹徑長七寸六分闊五寸九分闊蓋有提梁容六升三合重八斤四兩銘曰父癸而上為人形兩手各持干按周官司干掌舞器祭祀舞者既陳則授舞器既舞則

受之賓饗亦如之然則祭于廟用于賓設于饗禮莫不皆有干舞焉蓋干武舞也有是功斯有是舞以稱之非是則君子不取然古者舞有文武若羽舞皇舞文舞也干舞人舞武舞也詩曰左手執籥右手秉翟又曰值其鷺羽皆指文舞而言之禮曰朱干玉戚以舞大武詩曰萬舞有奕皆指武舞而言之於是有王者興以武得天下則其廟樂皆有武舞是

器商物而卣乃薦秬鬯之器實用於宗廟然
其銘曰父癸則明為子以奉其父者在商之
時号報癸者惟成湯之父故今所藏彝器凡
商物銘癸者皆歸之報癸然則用舞於癸廟
亦宜以其子之所有而薦之湯以武得天下
其所舞者朱干玉戚也故於器以干銘之然
其銘象人形兩手各執干而不以玉戚兼之
者亦取夫干以自衛不事乎兵之道歟且黃

帝堯舜以至三王其所謂文武之樂莫不有之故有樂則舞從焉是以舞文者若黃帝之雲門堯之大咸舜之大韶夏之大夏是也舞武者若湯之大濩武王之大武是也然而舜用大韶之文舞而亦有所謂舞干者方時有苗為之孽則不可無武備耳要之以德為主也且頌所藏彝器其銘有持刀父已有立戈父甲又有所謂持戟父已而獨無持干者夫

干以自衛有征無戰非若戈戟也書云帝乃
誕敷文德舞干羽于兩階則帝者之盛德成
功其在茲歟其在茲歟

王黼曰商持干父癸卣今所傳商器有持
戈持刀持戟獨無持干者干以自衛與舞
干同義敷文德之器也大抵上古彝器凡
持五兵者皆著伐功云

商婦庚卣

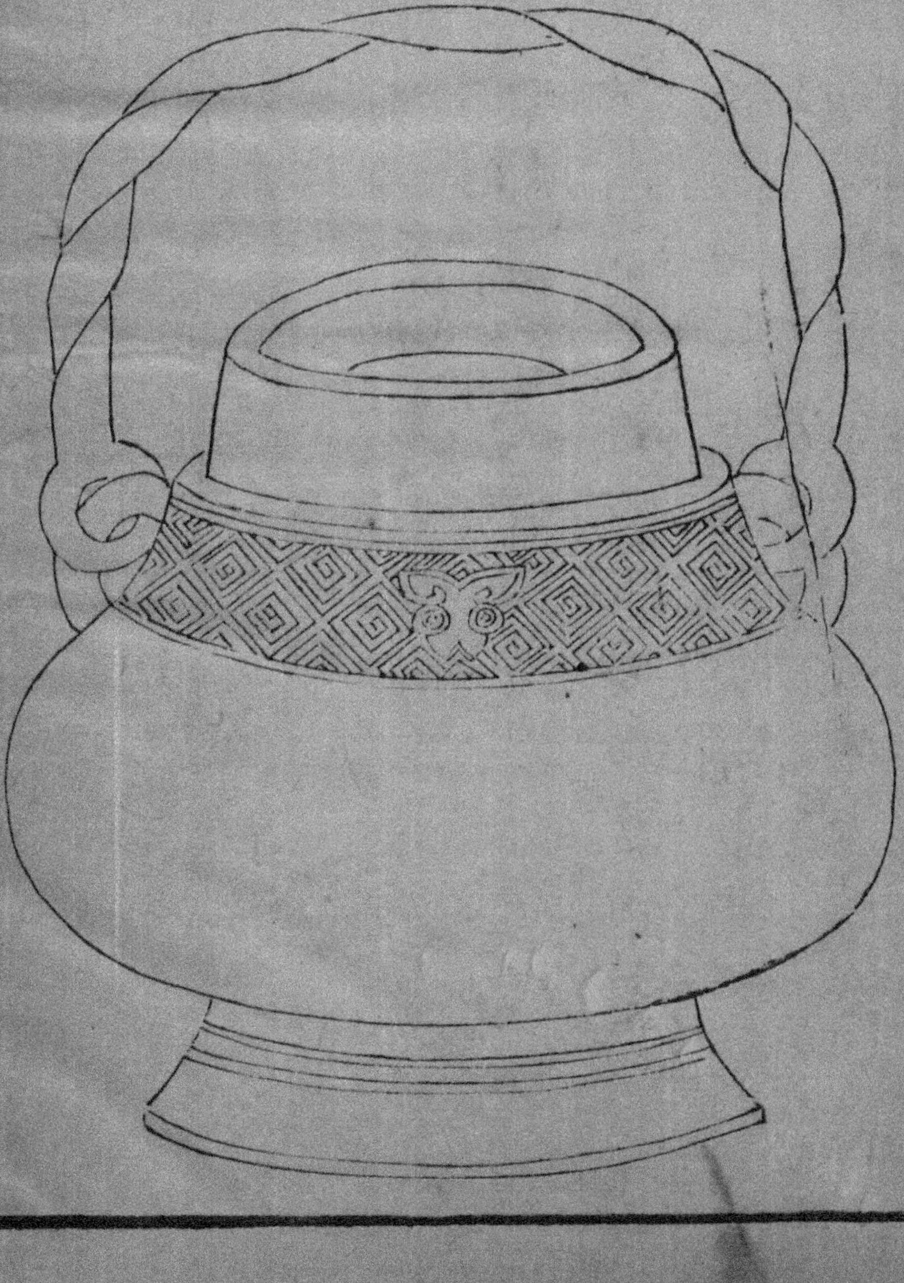

博古十 山

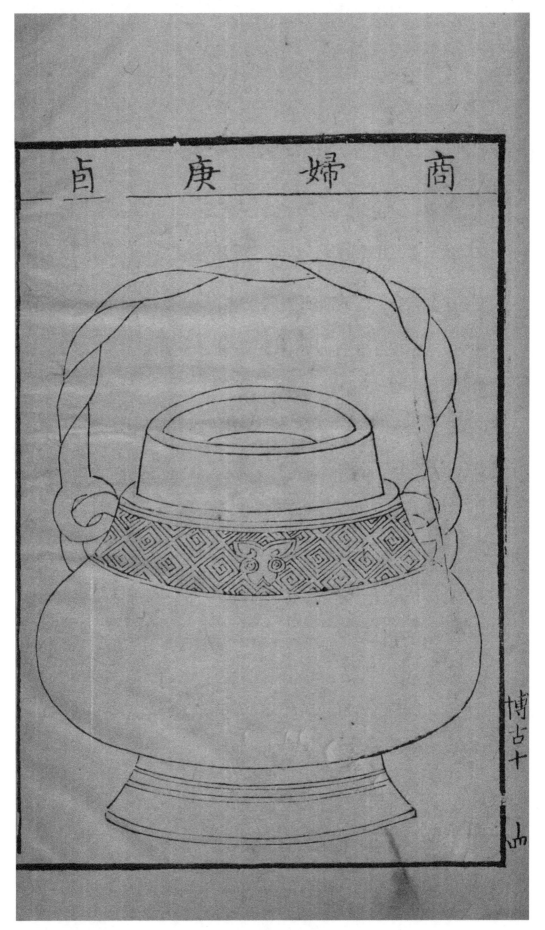

○子孫
婦甲庚丁

右高七寸二分深五寸九分口徑長三寸七分闊三寸腹徑長七寸七分闊五寸九分容五升四合重六斤十有二兩兩耳闊盖有提梁銘七字其一字泯滅不可攷餘曰子孫婦甲庚丁夫彝器多以子孫銘之以其承祖考

之祀者有在於是若乃中饋之職從其夫以相祀事此又婦之於姑舅禮所不廢盖以人道而事神則宗廟致欽之義婦宜預焉詩言君婦莫莫為豆孔庶是也關雎之美后妃采蘩之詠夫人采蘋之語大夫妻莫不皆以供祭祀為先耳然古者婦之預祭惟宗廟則從至於外祀則莫從也故必言子孫婦以别其宗廟之祀歟曰甲庚丁者祭之日也夫外事

用剛日內事用柔日宗廟之祀當用柔日而此兼甲庚何哉蓋春秋言辛巳有事于太廟壬午繹則宗廟正祭必用柔日而至于繹祭則無害其用剛日也天有十日地有十二辰日辰未嘗不相配而言如辛巳壬午之類是矣且此獨言日而不言辰者以言日則辰從之昔人言簡而意足故其銘如此

商父舉卣

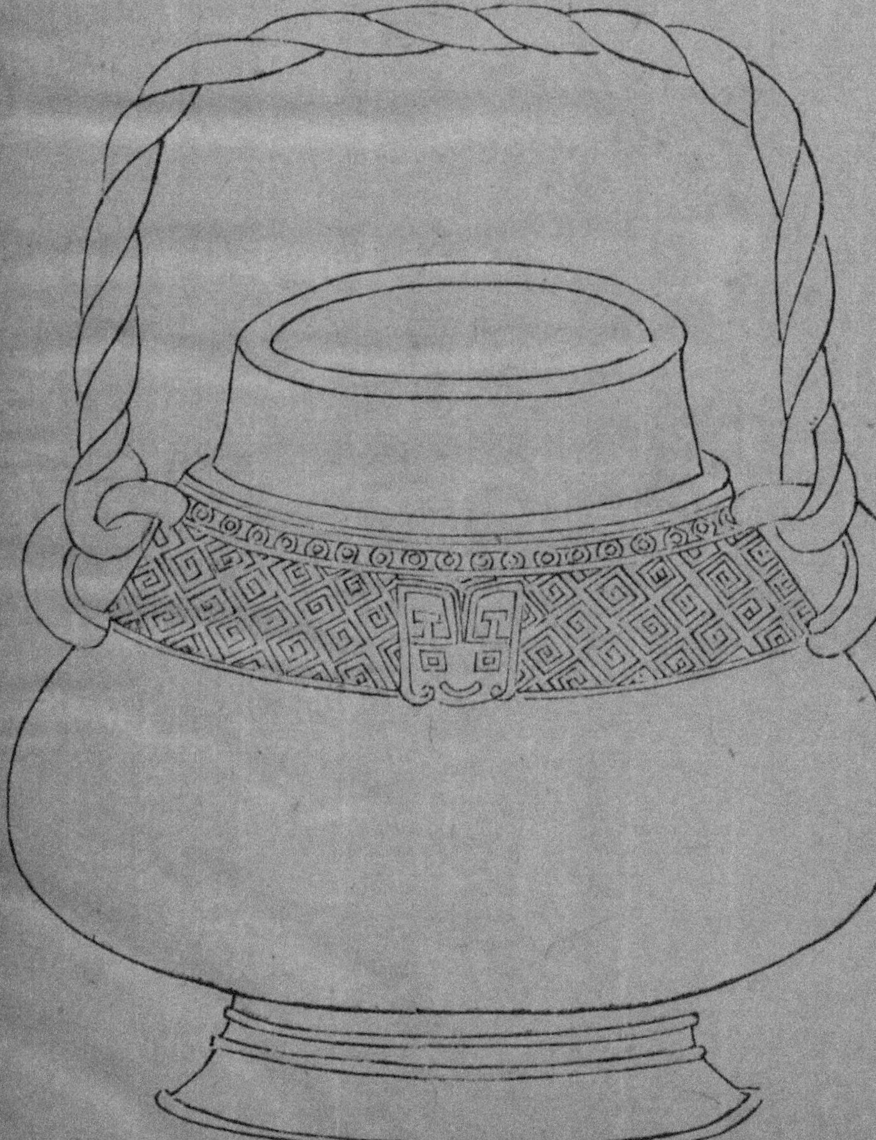

博古卄　十六

辛父舉

右通盖高九寸五分深六寸一分口徑長三寸六分闊二寸六分腹徑長七寸九分闊五寸四分容五升二合共重六斤有半兩耳有提梁銘三字曰辛父舉按周有天下立二王

後乃封紂子武庚於宋以續商祀武庚被誅又命微子啓代商後俾得用天子禮樂故凡器用服飾一遵商制詩所謂亦白其馬以商尚白而不從周之尚赤也然則宗廟祭祀其亦遵商明矣自微子至于僖公舉實為八世則其得用商禮可知是卣商卣也曰父舉則是為僖公舉也

商史卣

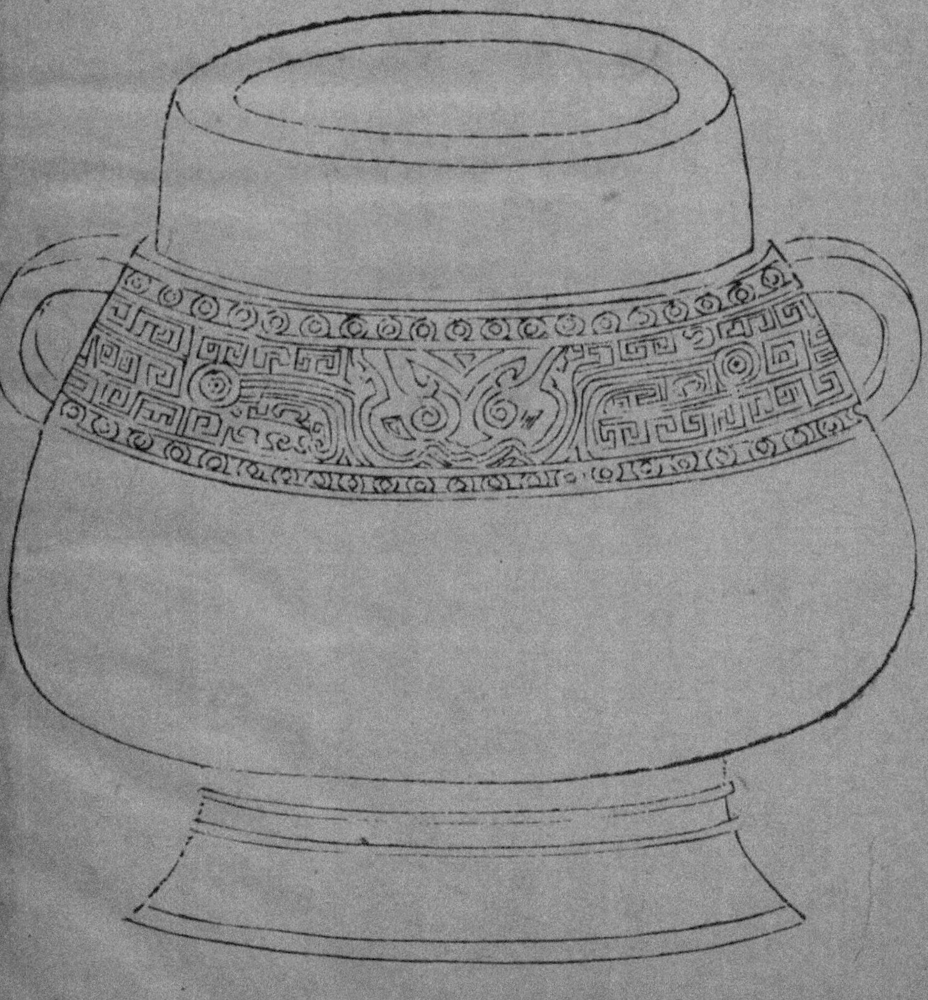

史

右高七寸一分深六寸一分口徑長四寸一分闊三寸腹徑長七寸三分闊五寸四分容五升二合重五斤兩耳關提梁銘一字曰史者史言其官有以史為氏族者因官而受氏焉今有爵銘三字曰史父辛字畫相類則知史名其官是卣狀饕餮而環以連珠文縟典雅真商物也

商持戈父巳卣

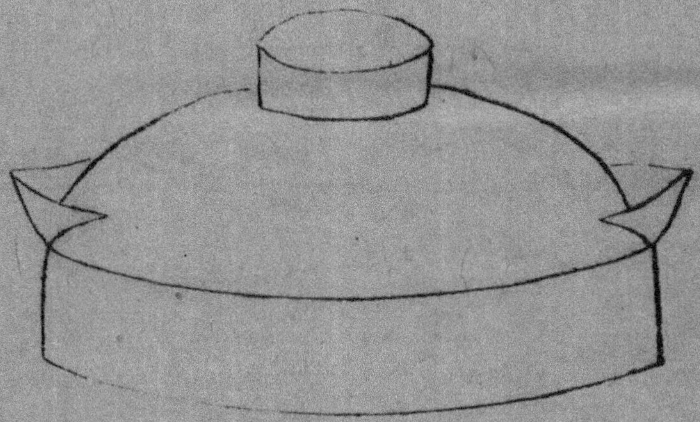

盖

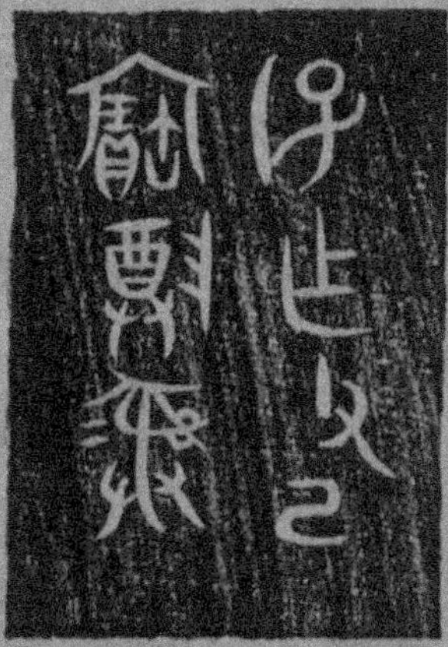

器

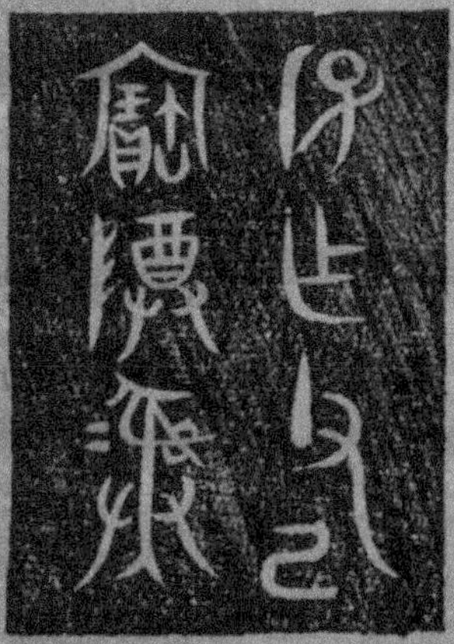

子形持刀作父己

寶尊彝

音釋同前

博古十　二十

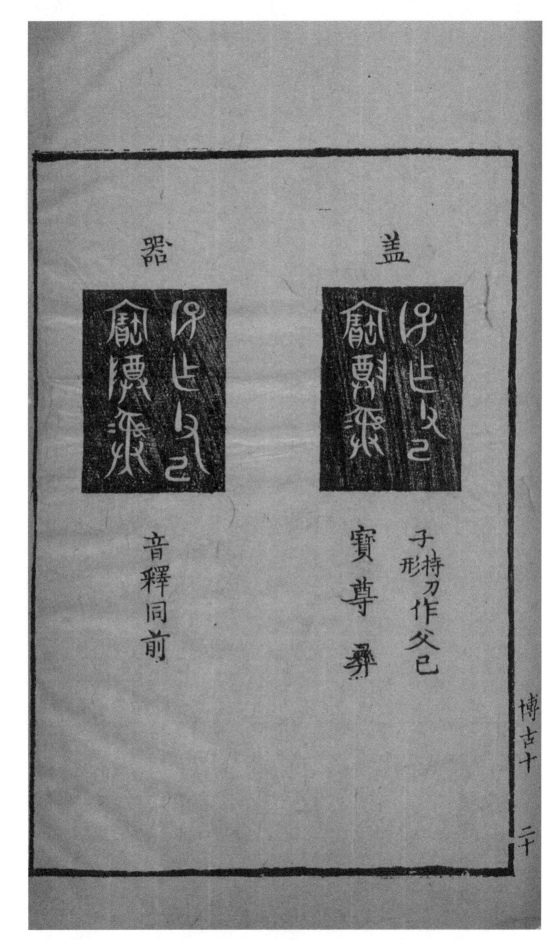

右通盖高六寸八分深四寸三分口徑長四寸闊三寸一分腹徑長六寸闊四寸九分容二升八合共重三斤十有三兩兩耳有提梁盖與器銘共一十四字父已者商君也子字象形而右手持刀按商祖乙卣糸作此象盖欲示孝子親職其勞以明割牲之義詩云執其鸞刀以啓其毛取其血膋凡以是也

商母乙卣

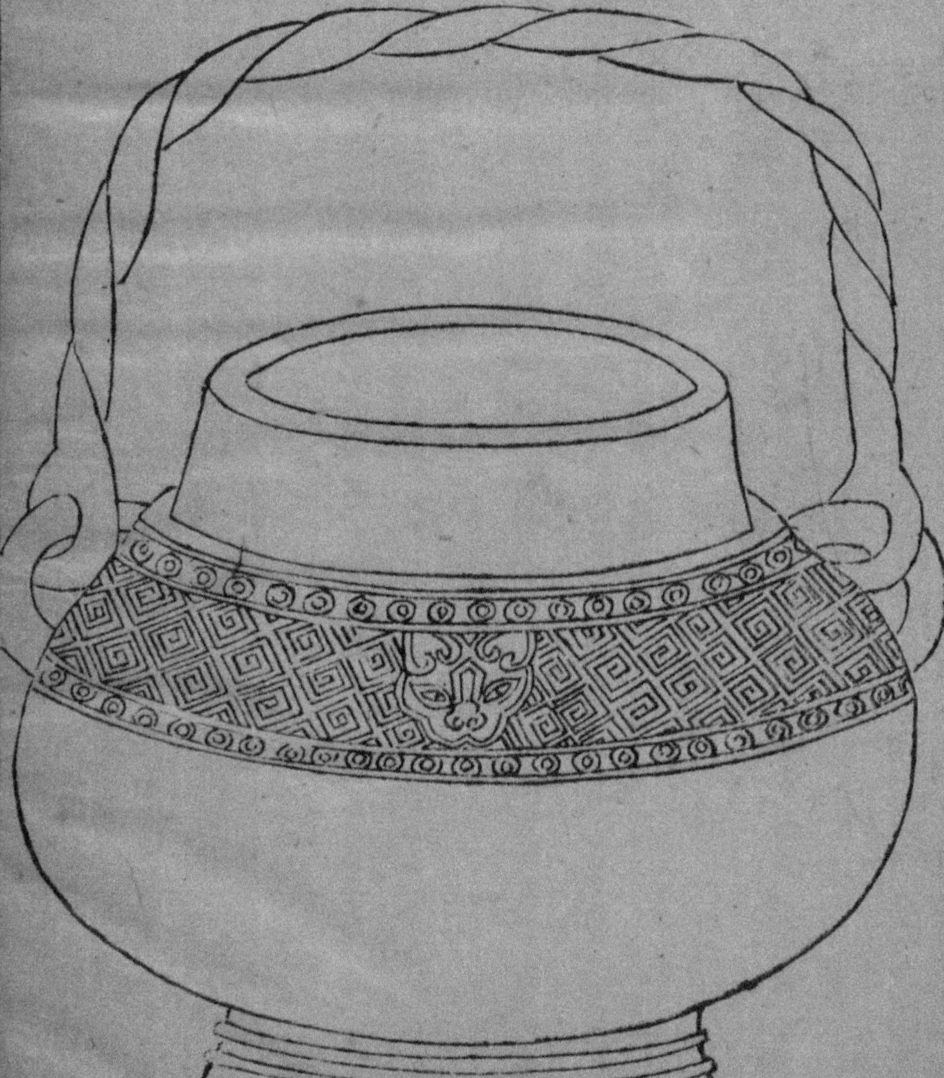

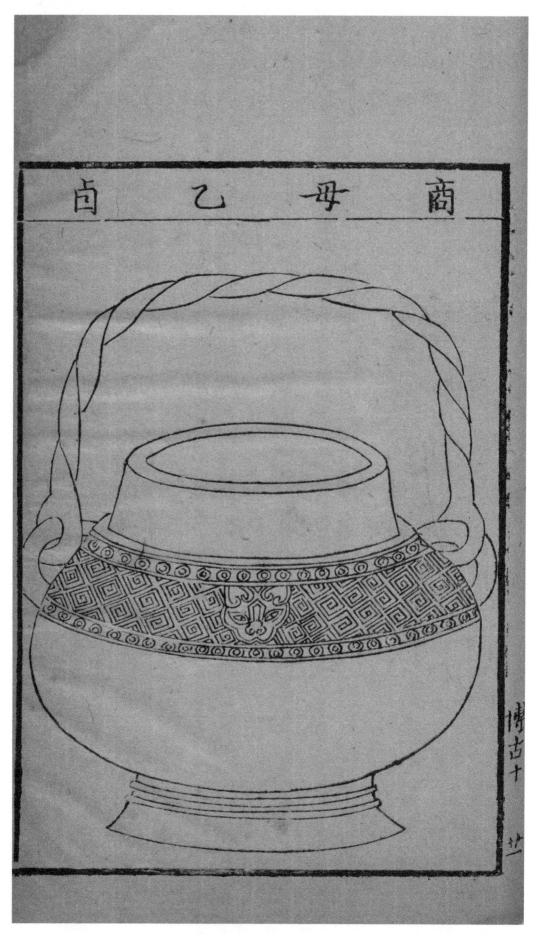

盖

丙寅王錫■貝

朋用作母乙彝

器

音釋同前

右通盖高八寸六分深五寸六分口徑長三寸八分闊三寸腹徑長七寸一分闊四寸二分容三升五合共重五斤一兩兩耳有提梁盖與器銘共二十二字曰丙寅王錫者以甲子推之商建國始於庚戌歷十七年而有丙寅正在仲壬即位之二年也其曰王錫則王

之錫賚功臣之器如周公文侯之卣亦王之所錫也故記禮者以謂賜圭瓚然後為鬯則知此器非臣下之所專有又曰作母乙彝者如詩言文母同意致商周之時立子生商者有娀也故長發之禘及之厥初生民者姜嫄也故雝之禘及之是皆率親之義耳盖知是卣乃王錫臣工以追享其母氏歟以夫家廟未嘗無合食者也

商冀父辛卣

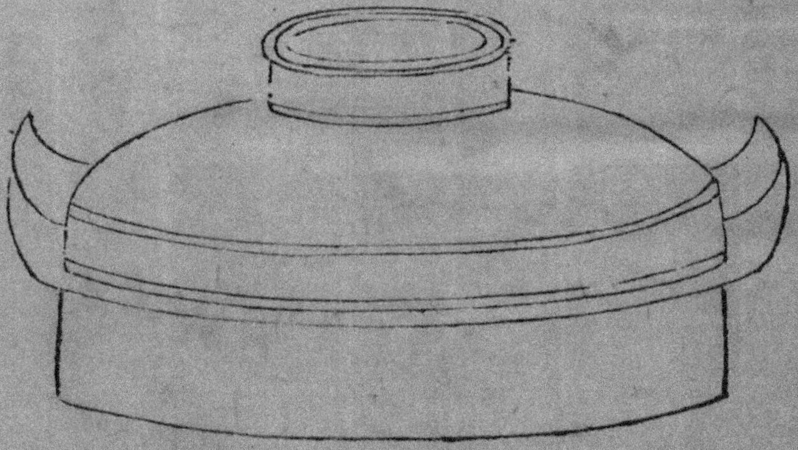

蓋

冀作父辛

旅彝亞

器

音釋同前

右通蓋高六寸三分深四寸二分口徑長三寸九分闊二寸九分腹徑長五寸五分闊四

寸容二升三合共重四斤有半兩耳有提梁蓋與器銘共一十四字冀者國名也昔人受封於此則後世食菜於所封之地復以為氏焉父辛商號也曰旅彝者昔人嘗謂有田一成有衆一旅則旅彝其衆也攷諸款識甗曰旅甗敔曰旅敔匜曰旅匜簋曰旅簋義率如此其後作亞形者又以象其藏主石室之制蓋宗廟之器也

商祖庚卣蓋

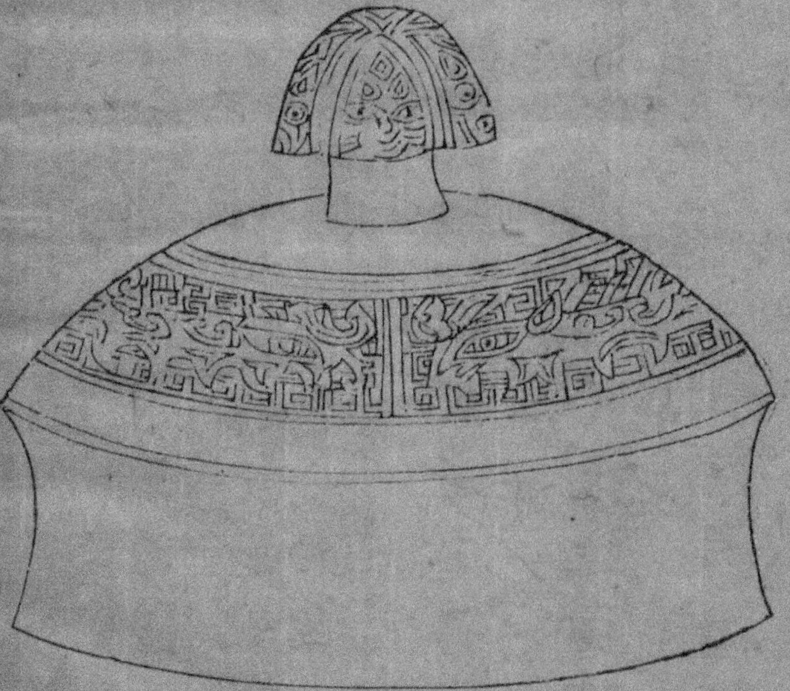

祖庚史

右高四寸二分長五寸九分闊四寸七分重二斤六兩銘曰祖庚史且商二十五代之君曰祖庚實為武丁氏之子是器銘曰祖庚史

則祖庚時史之卣也人臣之享家廟非君錫彝器則不可專有故以祖庚史銘之盖之銘如此則其器亦嘗有是銘此特失其器耳按周宰辟父敦盖與器之銘各七十五字周鄦敦盖與器之銘各一百七字略無少異獨周仲駒敦盖與器銘雖同而器銘則可以順讀盖銘則反是以此少異耳異時玆器一出其器與盖銘亦必相合焉

商夔龍卣一

博古十　廿七

商夔龍卣二

商夔龍卣三

博古十 廿九

前一器通蓋高七寸六分深五寸一分口徑長三寸四分闊二寸七分腹徑長五寸五分闊三寸九分容二升六合共重四斤九兩兩耳有提梁無銘

次一器通蓋高一尺二分深六寸六分口徑長四寸五分闊三寸七分腹徑長六寸五分闊四寸九分容五升一合共重九斤十有五兩兩耳有提梁無銘

後一器高五寸八分深四寸四分口徑長五寸二分闊三寸二分腹徑長七寸二分闊四寸四分容三升四合重四斤六兩兩耳闕蓋闕提梁無銘

右三器俱飾以夔龍前二器有稜若觚後一器形如瓠且闕其蓋與提梁貽皆卣也但形制不同商之文物視周猶為尚質故其設飾取象特簡古耳

周淮父卣

蓋

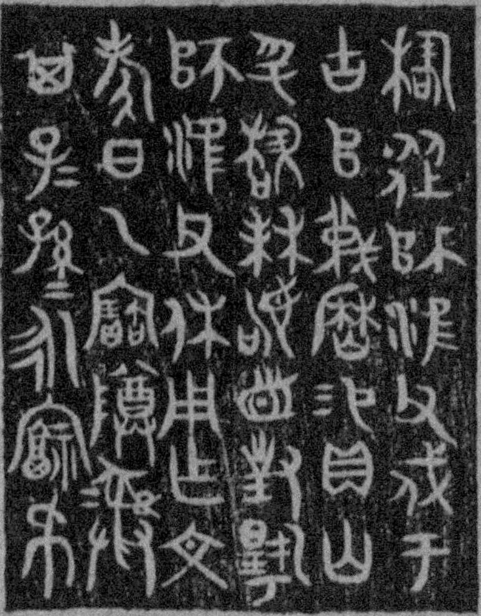

穆從師淮父戍于
古阜蔑曆錫貝山
鋝穆拜稽首對揚
師淮父休用作文
考日乙寶尊彝
其子、孫、永福
形𢦔

器

音釋同前

右通蓋高六寸八分深四寸四分口徑長三寸九分闊二寸九分腹徑長五寸八分闊四寸七分容二升三合共重五斤一兩兩耳有提梁蓋與器銘共八十二字其曰穆從師淮父戍于古者穆與淮父索諸經傳悉無所見戍則如詩言遣戍役之戍謂穆從淮父以戍役于古也按曲禮生曰父曰母死曰考曰妣則此曰文考者蓋後世追享之器耳夫卣非

燕饗之器惟祀宗廟之神則用之其所盛則秬鬯也且君錫臣以秬鬯之祼其始則盛於卣其終則祼於彝所以求神於陰者曰日乙者舉其日之吉也亦猶大夫始鼎曰日己寶鼎文考尊曰日癸尊彝之類舉日之吉者所以嚴其事也

周單癸卣

蓋

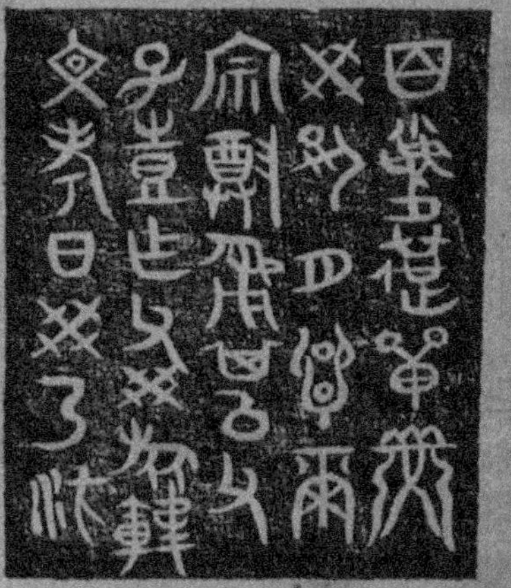

冋爵選單景
癸夙夕饗爾
宗尊彝其巳父
子亶作父癸旅車
文考日癸乃方

器

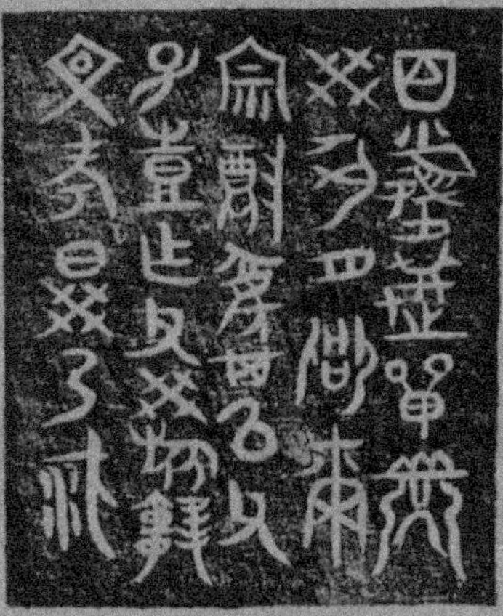

音釋同前

右通蓋高五寸八分深四寸口徑長三寸六分闊二寸七分腹徑長六寸五分闊四寸三分容二升一合共重三斤二兩兩耳闌提梁蓋與器銘共五十八字曰夙夕饗爾宗則是饗禮所用之卣宗者如禮記所言大宗小宗之類非諸侯之傳姓者也是器乃單作父癸卣朕先曰饗爾宗則癸於單族蓋是其宗耳初河南岸圯張壽者得十數物而此卣是其

一復有數器雖形制不同皆有單景字疑皆一時物如所謂單從彝單從舟單從鼎單從盉者是也獨單父乙鼎單字頗異又文皆少於癸卣豈詳於此則略於彼其互相備耶

周樂司徒卣

欒大司徒
子象之子
洪作旅卣
其眉壽子、
孫：永寶用

右高九寸深八寸九分口徑長三寸八分闊
三寸三分腹徑長七寸五分闊六寸容七升

八合重五斤有半銘二十有二字周官有天地四時之職是為六卿惟大司徒實掌地事曰樂大司徒則樂者姓氏也宋戴公四世之孫有曰樂莒而後世子孫因以為氏又曰司徒子象之子洪作旅卣蓋言司徒之孫作是器也按王安石字說衆曰旅則知旅卣者非一器也蓋旅進旅退非一之狀猶編鐘編磬之類是矣是器比它卣而復有鼻且著地無

足當是旅卣之别耳

博古圖録考正卷第十

博古圖錄考正卷第十一

卣三 二十器

周 一十九器

伯寶卣一 銘一十字

伯寶卣二 銘一十字

伯寶卣三 銘一十字

父乙卣 銘四字

州卣 銘一十二字

孫卣 銘一字

大中卣 銘六字

尹卣盖 銘六十四字

夔龍卣

蟠夔卣一

蟠夔卣二

蟠夔卣三

饕餮卣

垂花卣

雷紋卣

方紋卣

魚紋方卣

四足卣一

四足卣二

漢 一器

四足卣

周伯寶卣一

蓋

伯作寶
尊彝

器

音釋同前

通蓋高六寸八分深四寸五分口徑長四寸一分闊二寸二分腹徑長五寸六分闊四寸五分容一升九合共重三斤有半兩耳有提梁蓋與器銘共一十字

周伯寶卣二

盖

器

伯作寶尊彝

音釋同前

通蓋高八寸深四寸八分口徑長三寸八分
闊二寸六分腹徑長五寸三分闊四寸一分
容二升四合共重四斤四兩有半兩耳有提
梁蓋與器銘共一十字

周伯寶卣三

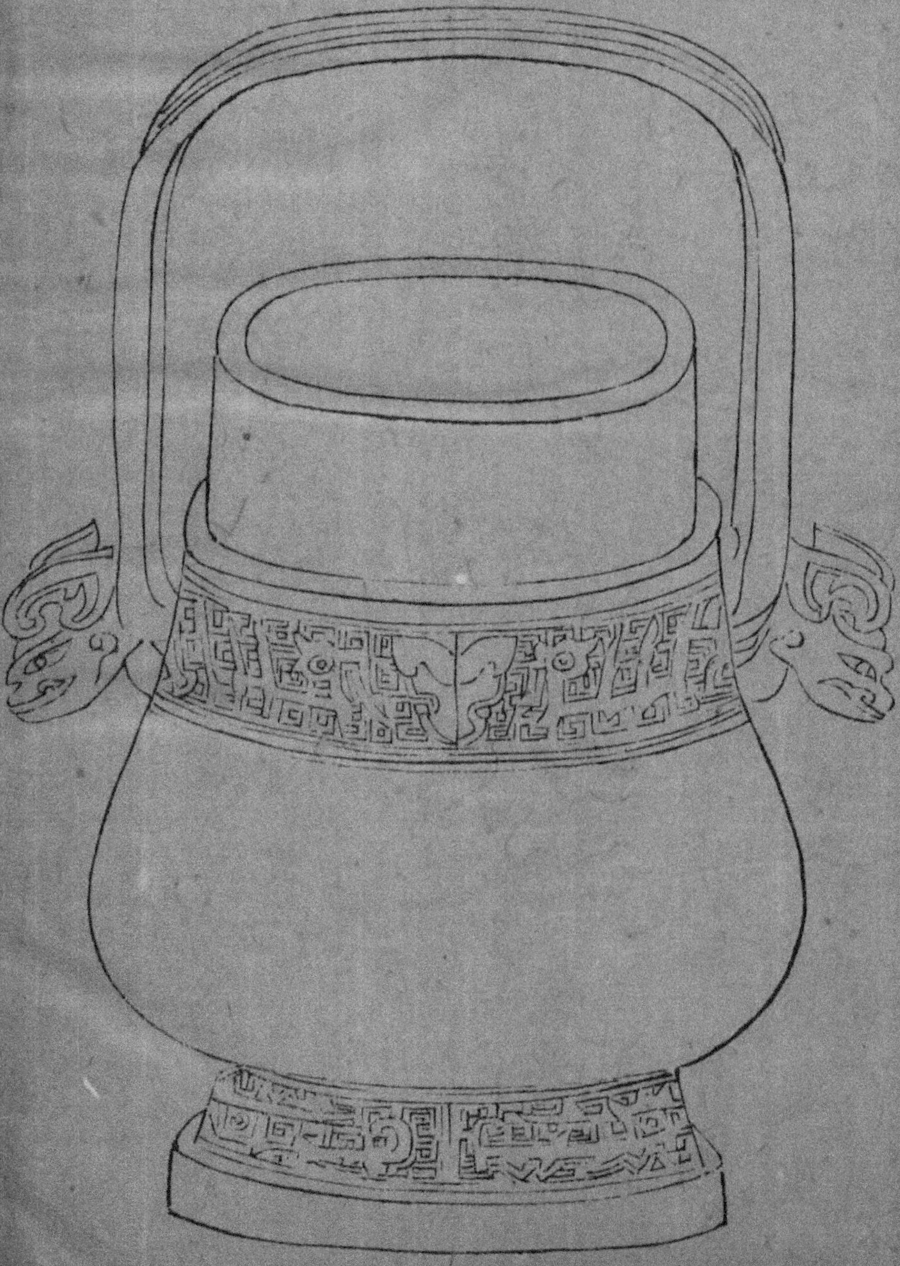

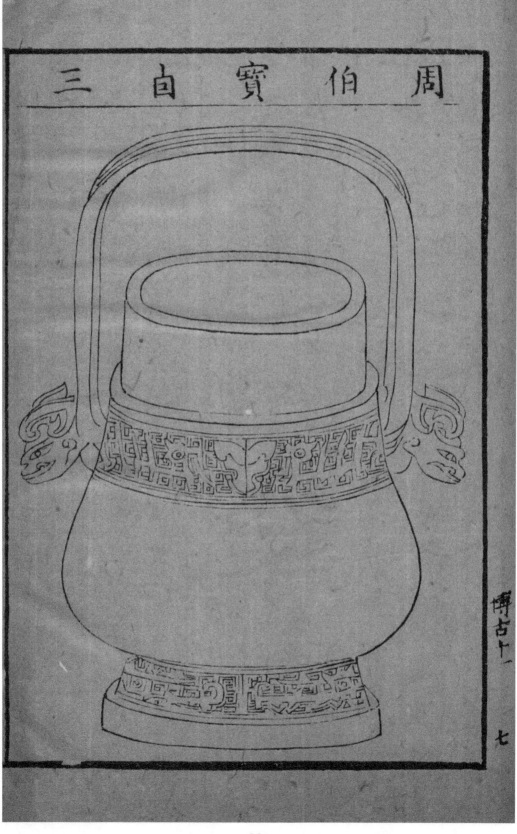

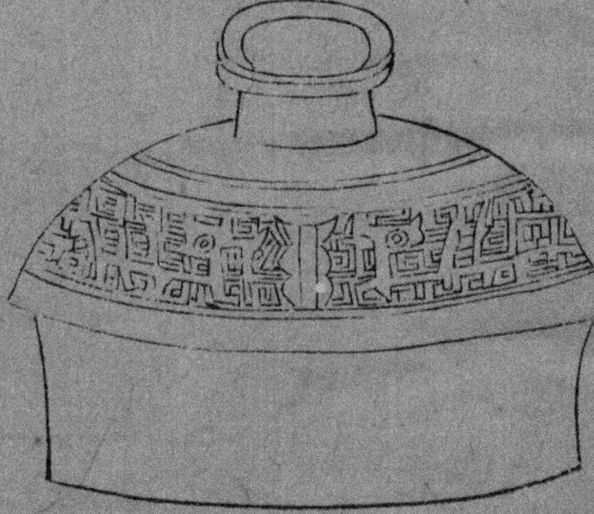

蓋

伯作寶
尊彝

器

音釋同前

通蓋高七寸二分深四寸四分口徑長二寸九分闊二寸二分腹徑長四寸五分闊三寸九分容一升七合共重三斤五兩兩耳有提梁蓋與器銘共一十字

右前一器蓋與腹腹於雷紋地隱起夔狀蓋之蒂復著一夔腹之兩面介其中為獸首足飾黃目提梁為綯紐耳作兩象首後二器腹皆純素惟蓋器之純緣與足作夔狀間以雷

紋提梁無文采而耳作獸首與前一器稍異
肰三器銘文皆曰伯作寶尊彞當是一時物
且古之以官稱伯者有二焉曰侯伯此五等
之爵也曰方伯連率則在五等之外所以率
諸侯者盖其爲伯則宜有以作彞器以告于
前人如作寶彞之類是也或以伯仲稱者或
以其字稱者必有一於是也肰是器乃卣而
識曰作寶彞今所藏古器有鼎一彞一尊一

皆作寶尊彝爲銘盖先王之於器用未有不
以常法爲貴者也

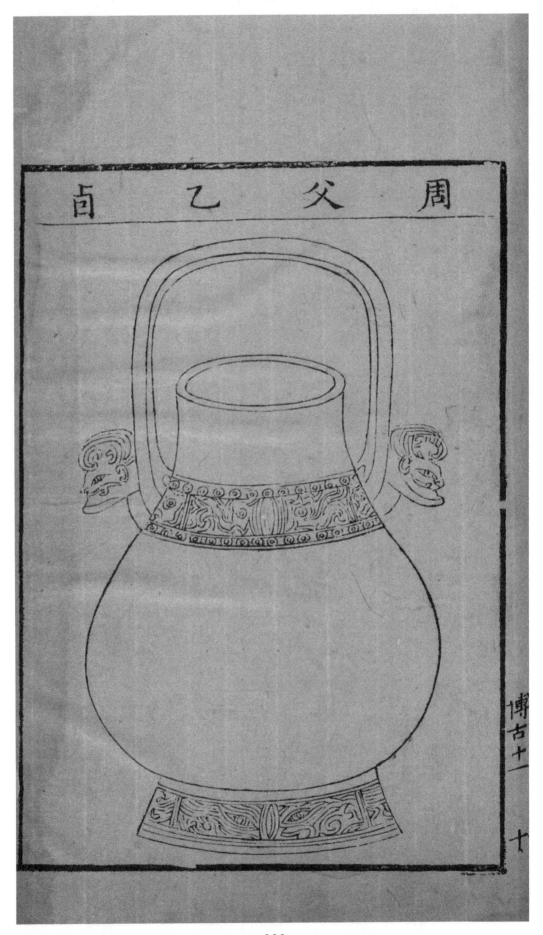

周父乙卣

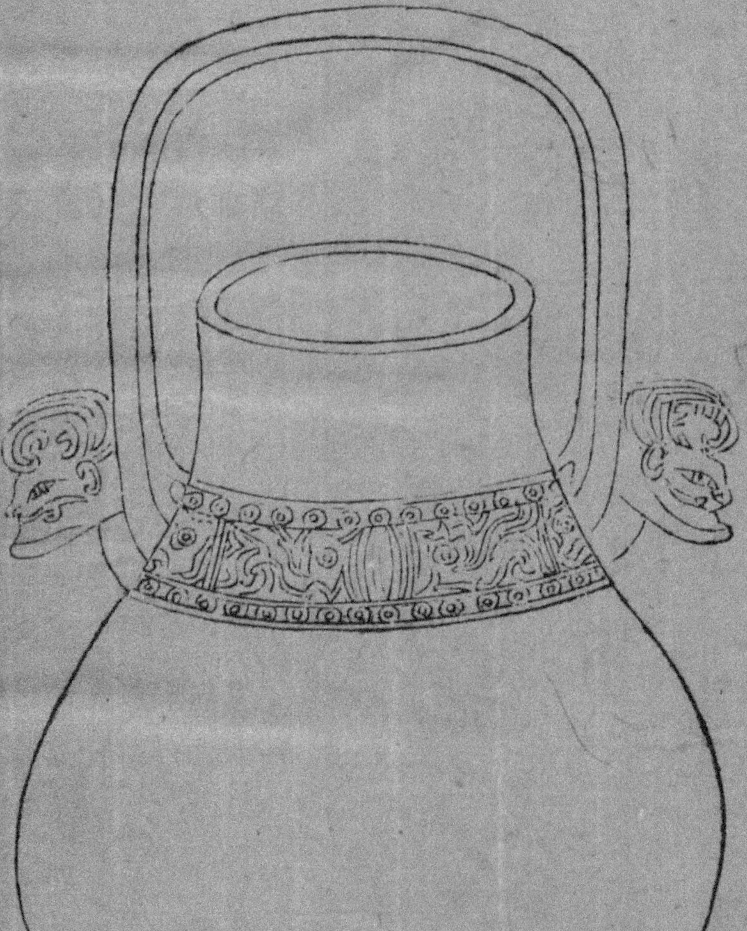

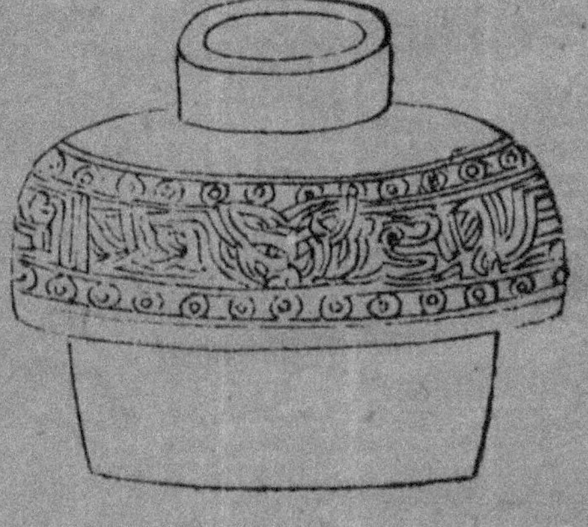

盖

器

亞形中父乙

音釋同前

右通盖高一尺一寸深八寸六分口徑長三寸一分闊三寸腹徑長六寸闊五寸九分容

四升七合共重七斤四兩兩耳有提梁蓋與器銘共四字蓋與器足之上各為八蟠夔㸃周以連珠以雷紋間之蓋上又飾以兩獸以夔首為提梁且有連鼻獸而亞形中為父乙字蓋有上而下為之亞有左而右為之亞言乙則亞甲也析蓋古之姓氏如衛大夫析木鉏是也析氏子孫仲軺者用作父乙卣則其理明矣

周州卣

蓋

州作父乙寶彝

器

音釋同前

右通蓋高六寸六分深四寸五分口徑長三寸九分闊三寸五分腹徑長六寸五分闊五寸八分容三升二合共重四斤十有二兩兩耳有提梁蓋與器銘共一十二字曰州作父

乙寶彝按州出於来國之後以州為氏在晉有大夫州綽在衛有大夫州吁其為氏則一耳卣非庶人可有是乃當時公侯卿士世祿之家此所以以著姓言之也是器特以四鳳飾於蓋與器之上鳳之為物有其時則見非其時則隱其出處語默類有道者故翔於千仞則覽德而下九成之後則番然来儀然將以是飾之於器豈可非其所有而命之耶

周孫卣

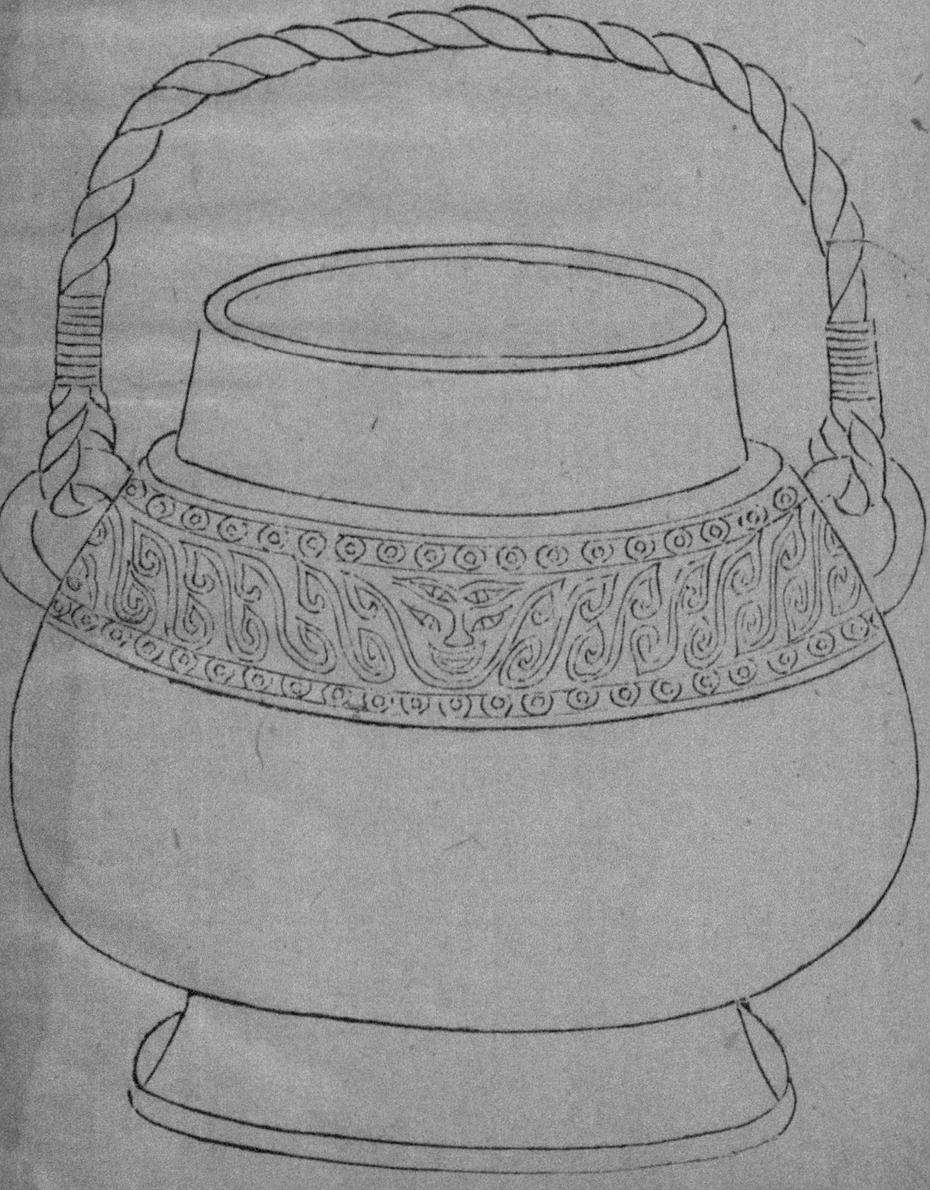

博古十一　十四

孫

右通蓋高八寸深五寸六分口徑長三寸七分闊二寸九分腹徑長七寸一分闊五寸五分容四升共重五斤十有二兩兩耳有提梁銘一字曰孫狀尸形蓋孫可以爲王父尸而

神依人而行託物而見則其視聽食息有是以形容此古人所以事死如事生事亡如事存其尸而祝之者蓋不遁乎此理是器特刻其人形以銘之豈不欲其神之有依託歟卣正祀神之器而盛祼也所以求神者得無推其類哉古人作字象形蓋莫不有旨意耳

周大中卣

大中作
父丁尊

右高四寸五分深四寸口徑長三寸八分闊
二寸八分腹徑長五寸闊四寸容二升重二

斤一兩兩耳闕蓋有提梁銘六字曰大中作父丁尊大中當是父丁之子言丁者十日之號自商之君以是為紀而周亦有之商之器有父戊爵父己斝父庚爵父辛爵父癸爵父乙觚是皆以日為號也至於父丁爵招父丁爵父丁盉則又與此言父丁者同耳於周則復有父乙鼎丁父鬲是亦父丁之義蓋以類求之則於古庶不謬焉

周尹卣盖

惟十有二月王初祭旁
唯還在周辰在庚申
王飲西宮橲咸釐尹錫臣
亞形中唯婪揚尹休高對作
父丙寶尊彝尹其亘萬
年受乃永魯無競在○
服祀長疾其子孫寶用

右高三寸一分闊闕一字寸一分長五寸三分重二斤有二兩銘六十四字獨一字漫滅不可攷按是器蓋尹休高對揚君命而作父丙寶尊彝也昔人作器未嘗不尊君命而謹其時日故曰惟十有二月王初祭旁又曰辰在庚申言旁者如書之言哉生魄旁死魄之類也言庚申則又指其日辰矣消日之設不獨用於祀事至於錫命造器罔不先此而況卣[illegible]

以格有廟昭功德以示臣子之孝可不謹其始耶又曰尹其亘萬年受乃永則受讀當作壽古人用字或如此示其理之所在是器之盖兩面狀饕餮作四觚稜如山形而屹起純緣之上飾以八螭雷紋間之精製且古但其器不存耳

周夔龍卣

右高七寸深五寸四分口徑長三寸五分闊二寸八分腹徑長六寸七分闊五寸三分容三升九合重四斤兩耳闕蓋有提梁無銘是器純緣兩面并足間皆飾以四夔龍以雷紋間之夫夔龍之起蟄正須以雷而雷之興荀非其時則為害皆所以示其義於飲器提梁作綯紐狀復示其縶維之理然則觀其器得不求其象耶

周蟠夔卣一

周蟠夔卣二

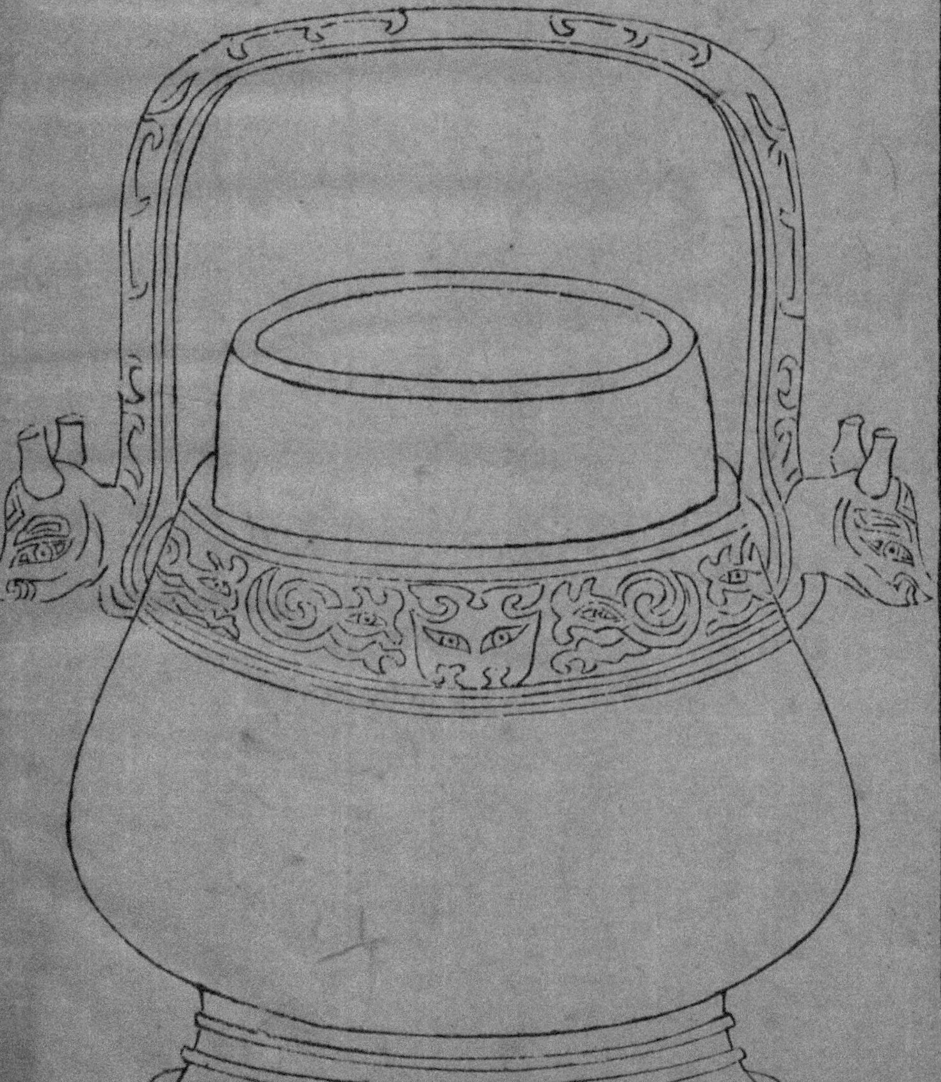

周蟠夔卣三

前一器通盖高六寸八分深四寸二分口徑
長二寸九分闊二寸三分腹徑長四寸七分
闊三寸七分容一升有半共重三斤五兩兩
耳有提梁無銘
次一器通盖高八寸二分深五寸七分口徑
長三寸八分闊二寸九分腹徑長六寸六分
闊五寸三分容三升八合共重七斤二兩兩
耳有提梁無銘

後一器高六寸四分深五寸五分口徑長三寸八分闊二寸七分腹徑長六寸四分闊四寸九分容三升七合重四斤十有四兩兩耳闕蓋有提梁無銘

右三器皆作蟠夔說文謂夔神魖也如龍一足蓋殘物之獸著之於器將以防患耳前一器純緣與蓋紋以八夔素其腹足提梁又為夔首要是舊物正如刓印追蠡想見其歲月

之久非三代無此物也次一器器與蓋大抵與前器相類但蓋之頂僞為一龜置于上當是後人益之者以前器方之當真贗自判也後一器腹足純緣間皆作夔狀與雷紋間錯比前二器加華惟闕其蓋耳

周饕餮卣

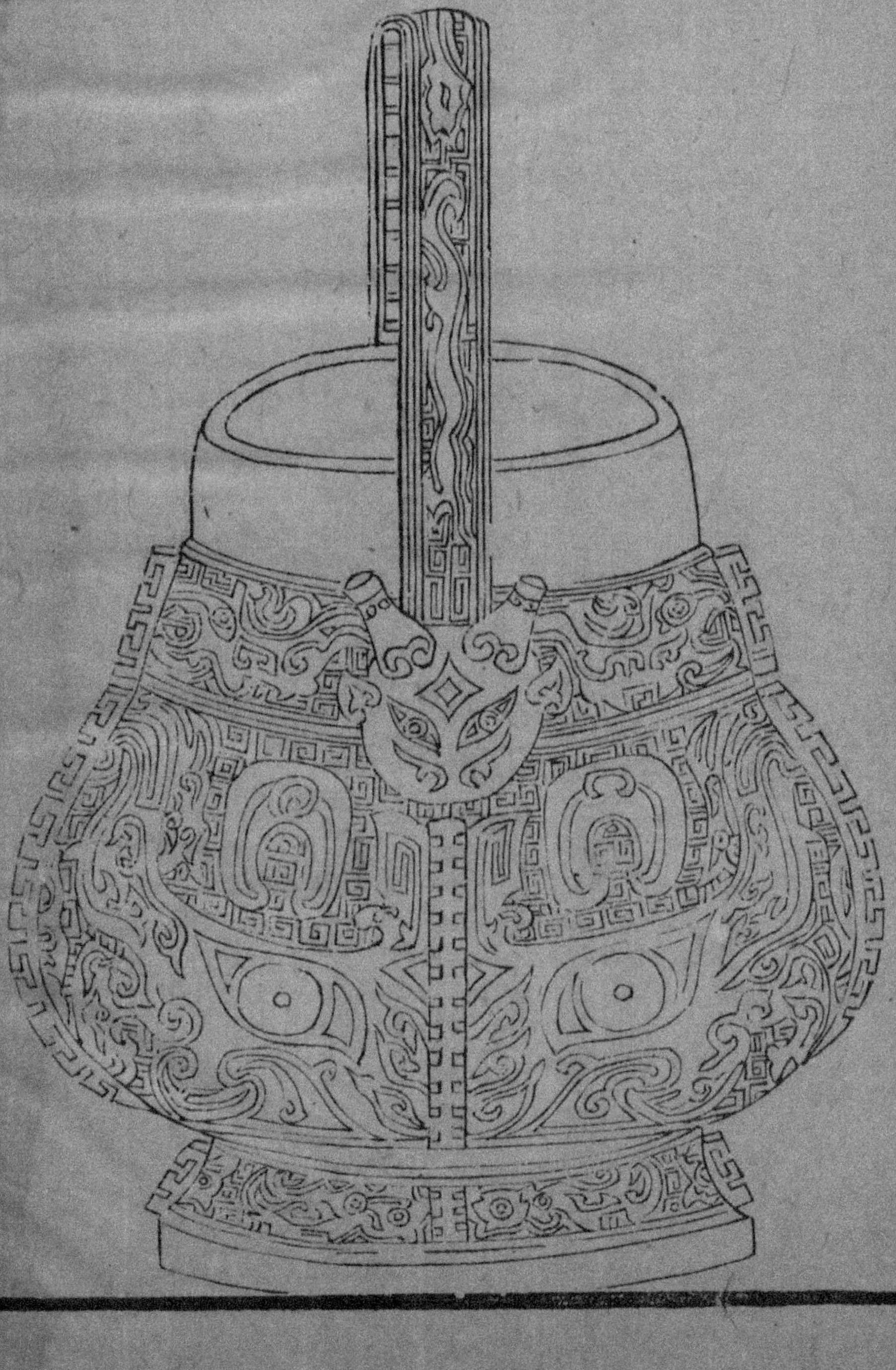

右通蓋高九寸三分深五寸六分口徑長三寸六分闊三寸三分腹徑長六寸七分闊五寸八分容四升一合共重八斤四兩兩耳有提梁無銘是器飾以饕餮之狀夫古之彝器未有不形諸饕餮者每以示飲食之戒而此卣乃祀神之器而亦復飾此者以人道而事神故也蓋鬱合鬯臭所以求神於幽其用之序盛之則有卣受之則有彝祼之則有瓚於

是彝器亦有象饕餮者其義可以類舉也

周垂花卣

右通蓋高六寸八分深四寸九分口徑長三寸七分闊二寸六分腹徑長六寸闊四寸三分容二升四合共重二斤十有三兩兩耳有提梁無銘是卣比它器特匾而小提梁作絢紐狀蓋之上設一爵柱柱之下環以蟠螭之外飾以垂花至於純緣圈足則以連珠周之而間以雷紋其下兩面各作饕餮起稜為介製作雖繁縟而中藏簡古意蓋周器宜有

此也

周雷紋卣

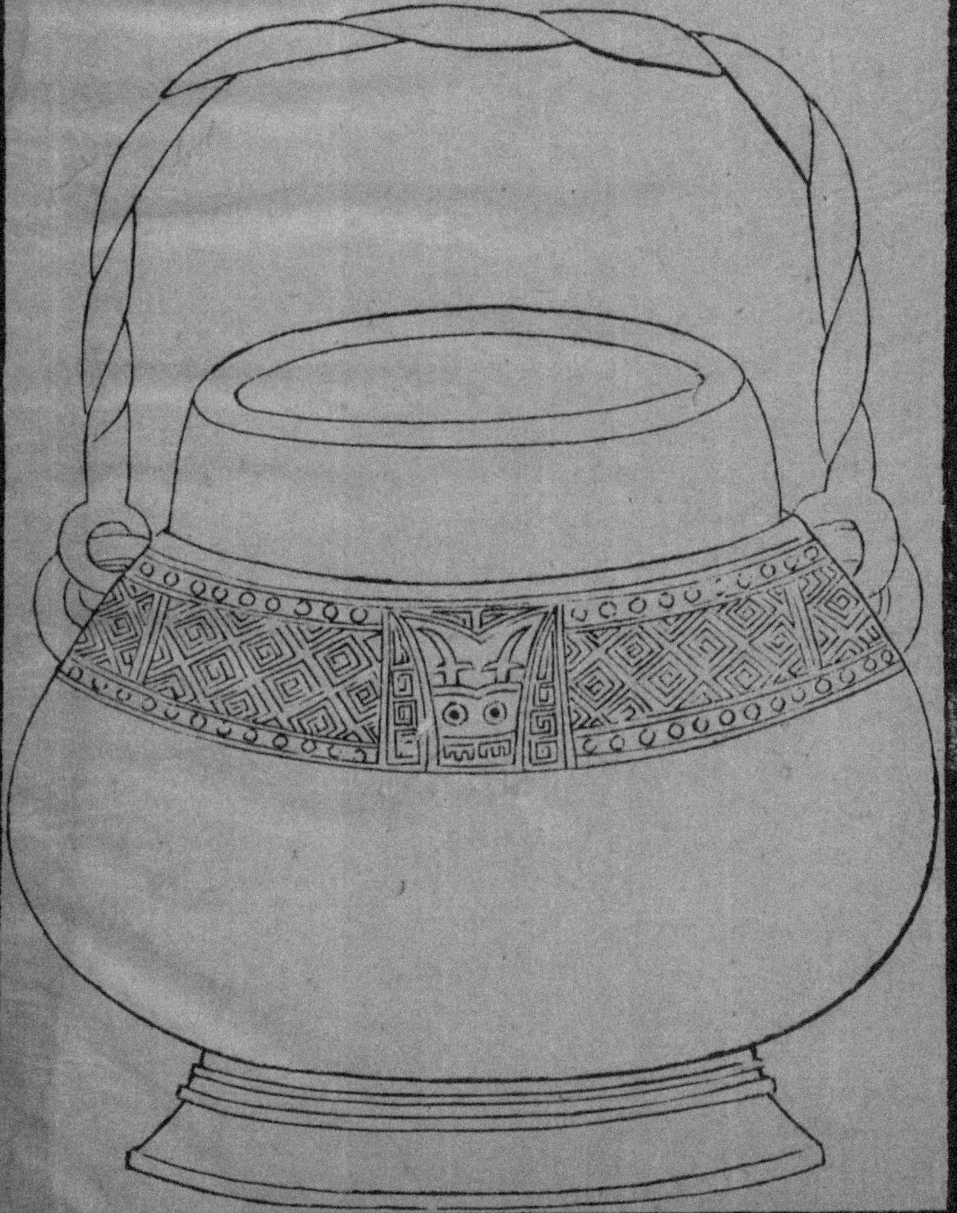

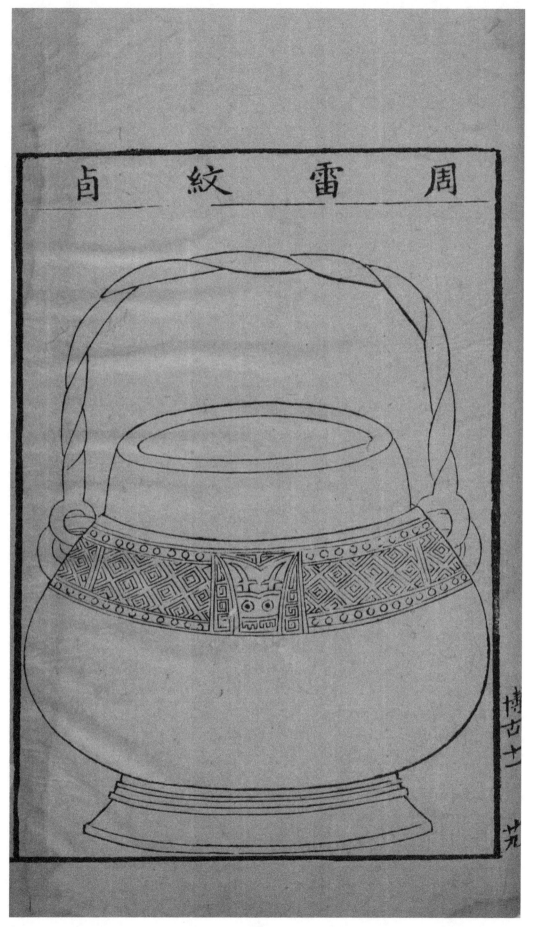

右通蓋高九寸五分深六寸八分口徑長三寸八分闊二寸八分腹徑長七寸八分闊五寸七分容五升共重九斤兩耳有提梁無銘是器蓋與器皆作方斜雷紋以連珠環之其提梁作綯紐狀且圈其足土花碧暈如藍田玉色厥蓋瘞藏之久與土俱化良可寶者但無銘識以紀之當是以雷紋為義蓋古人字畫繪事各以見意非徒設耳

周方紋卣

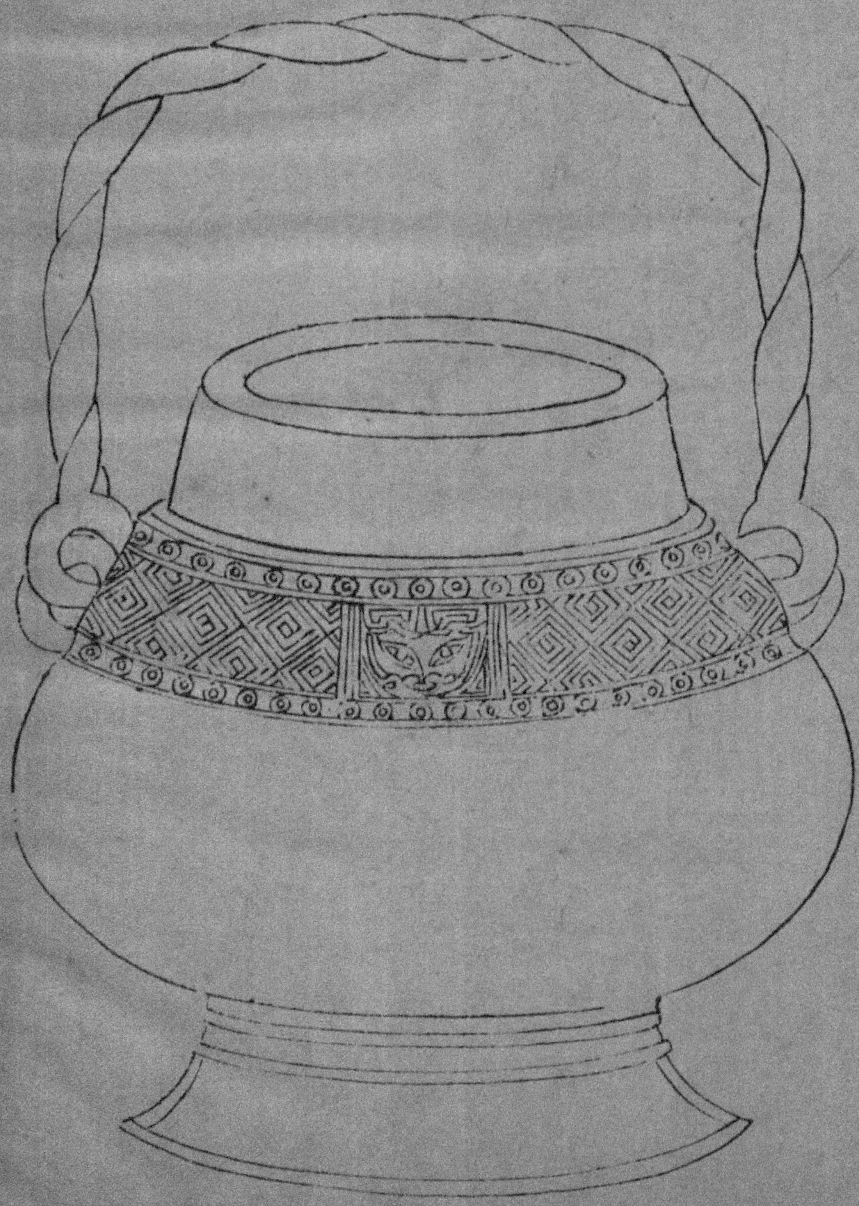

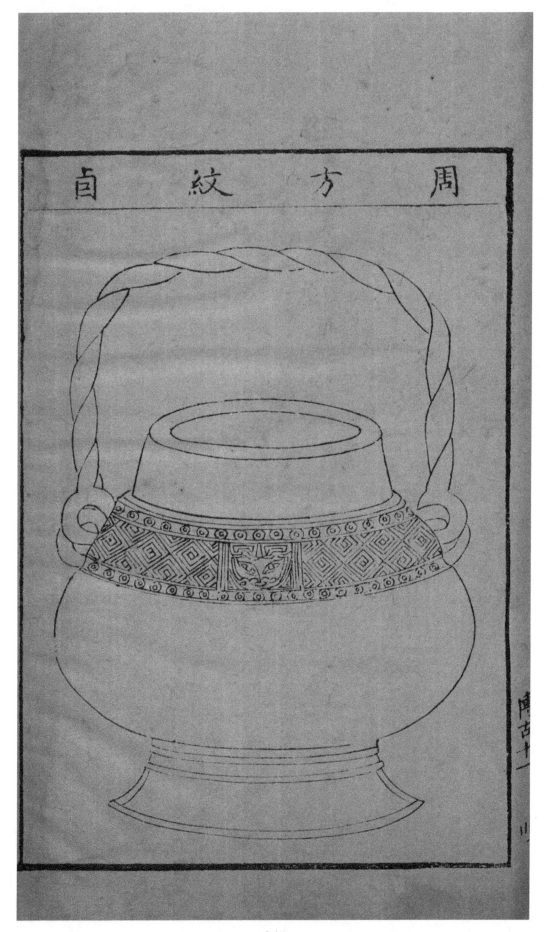

右通蓋高九寸七分深五寸八分口徑長三寸七分闊三寸腹徑長七寸七分闊五寸三分容五升二合共重八斤四兩兩耳有提梁無銘夫卣寔尊之類耳故賈公彥謂卣為中尊而頂之上設爵柱柱之下作方紋周以連珠而純緣之下亦以方紋為飾兩面各設獸首兩耳作圜環與提梁相連腹閒與圈足皆純素製作形模全與商父舉卣相類而無款

識殆糸周監商而有作焉

周魚紋方卣

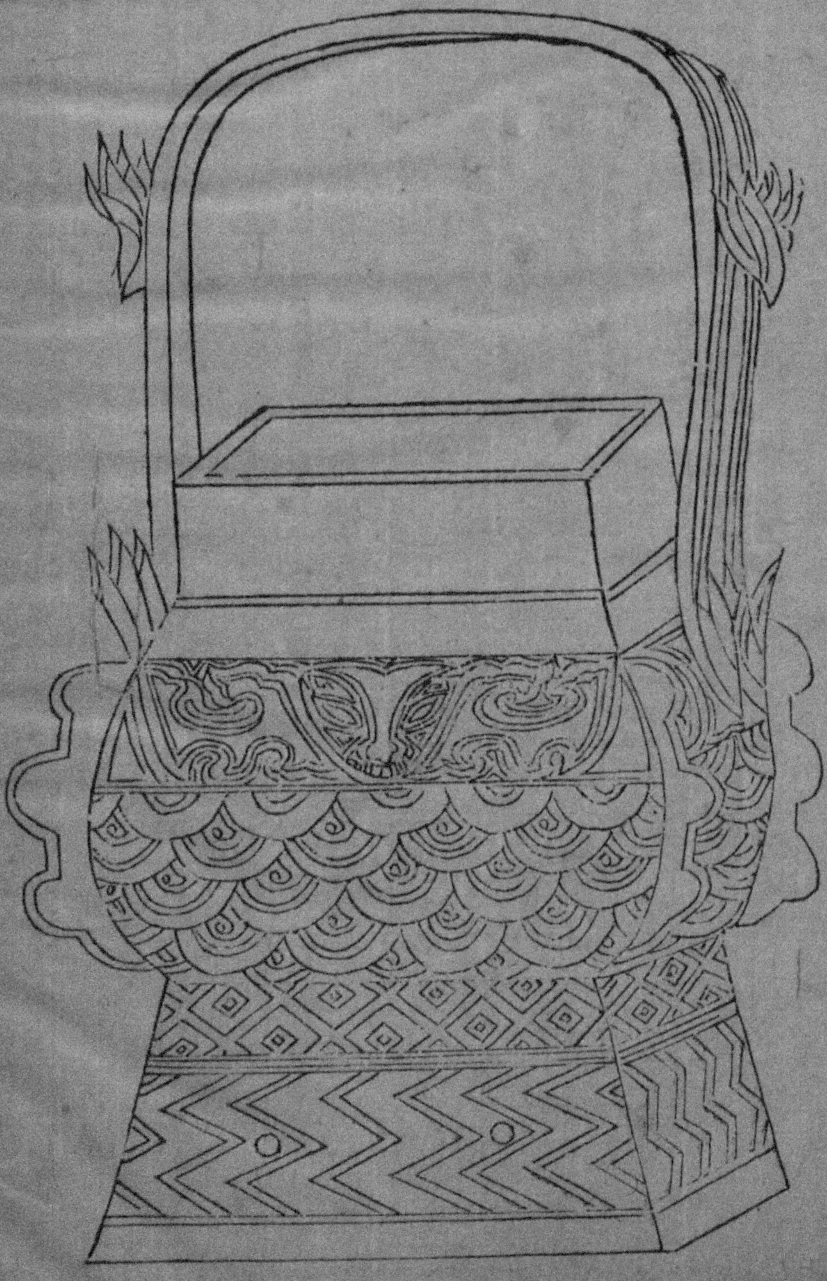

右通蓋高一尺一寸四分深四寸三分口徑長三寸五分闊二寸八分腹徑長五寸闊三寸六分容二升六合共重七斤一十兩耳有提梁無銘是器比諸卣特方而腹蓋四旁皆作魚紋夫魚之性柔巽隱伏得其道則易取失其道則難制故書傳以魚譬民且有天下有一國有一家非得其民則何以為也以魚狀其器則象其有得民之道有道以得民

則有是器也可無愧矣

周四足卣一

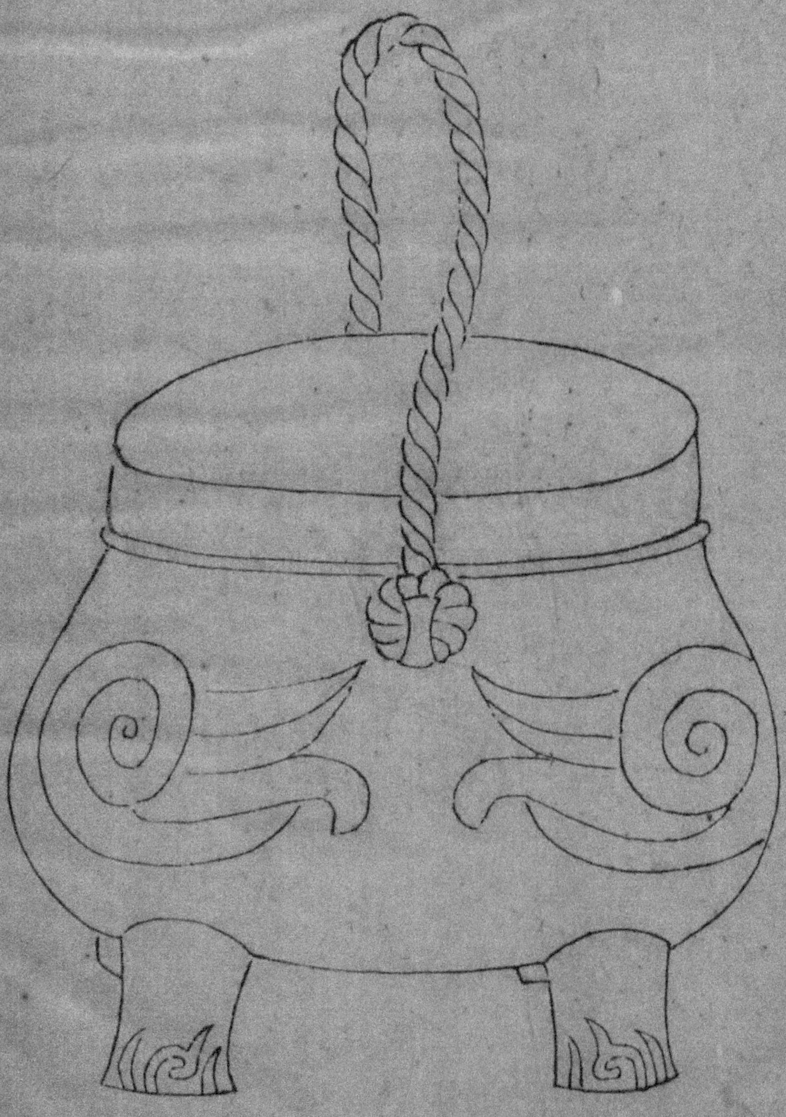

周四足卣二

博古十一 廿六

前一器通盖高六寸深三寸四分口徑長三寸七分闊二寸七分腹徑長五寸闊三寸七分容一升六合共重二斤六兩兩耳有提梁無銘後一器通盖高五寸五分深三寸五分口徑長三寸八分闊三寸腹徑長四寸七分闊四寸容一升七合共重三斤一十一兩兩耳有提梁無銘

右二器形模若一而其足皆四盖之兩端為

獸首旁附以翼雖歛而有展意自兩端視之完肽各一獸也按山海經所載異獸挾翅者多矣有如狐之獙如魚之鯥如豹之蟲雕犲之化蛇犬之鴸鼠之寓其形皆非此類是獸之鼻昂肽而起小類象形豈山澤之怪不可得而攷者耶提梁作絇紐取其穿牛絡馬之義後一器小異而蛟眉特隆甗頂柱稍鋭要之一類物也

漢四足卣

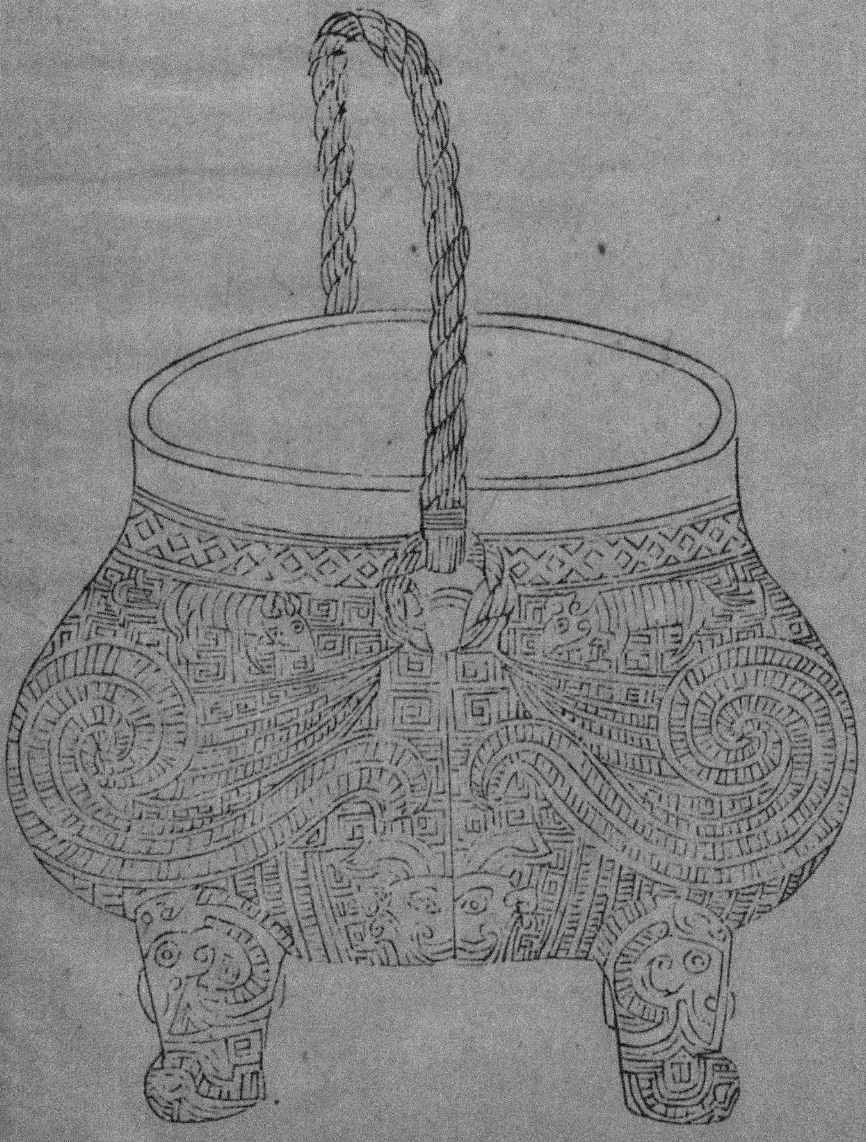

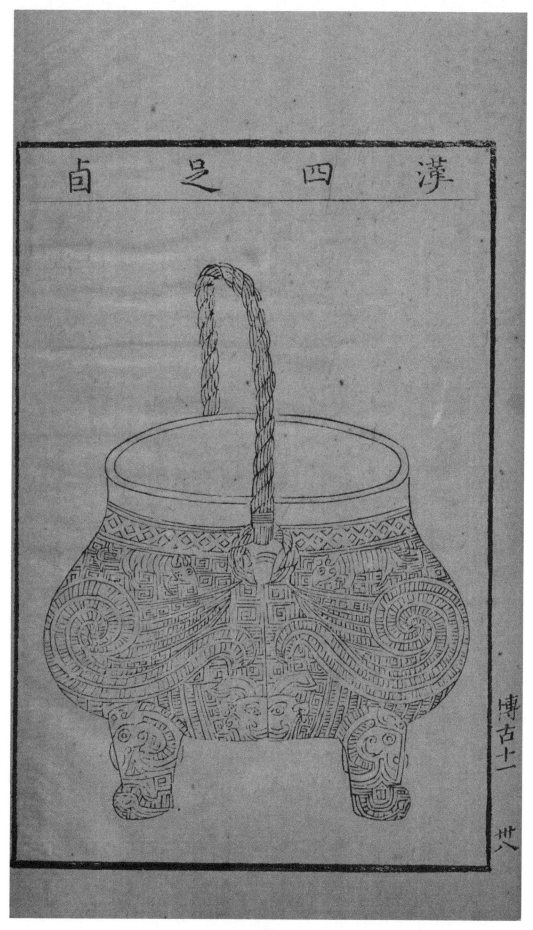

右通蓋高五寸九分深三寸五分口徑長三寸八分闊二寸八分腹徑長五寸五分闊四寸四分容一升五合共重二斤十有二兩兩耳四足有提梁無銘按此器似盉無流如卣有足肰於卣為近故附於卣蓋古之彝器其致用則同而所以致飾取象則種種不一是卣又下著龜魚腹與蓋相合為獸形紋鏤奇巧宛若刻琢肰擬之三代則已失其典雅矣

攷其時蓋漢器也

博古圖錄考正卷第十一

博古圖錄考正卷第十二

缾壺總説

缾三器

周一器

蟠螭缾

漢二器

麟缾

螭首缾

壺一 二十五器

商 三器

貫耳弓壺 銘一字

敆姬壺 銘五字

蟠夔壺

周 一十八器

仲丁壺 銘三十四字

觚稜壺

盤雲壺

三耳壺

交螭雲雷壺

螭首方壺

鸚耳雷紋壺

三螭壺

雷紋螭首挈壺

四鸚壺蓋

漢 五器

太官壺 銘三十二字

綏和壺 銘四十二字

雙鹿壺

鳧壺

瓠壺

總説

禮器之設壺居一焉在夏商之時總曰尊彝逮于周監二代則損益大備故烝嘗饋獻凡用兩壺次於尊彝用於門内肰壺用錐一而方圜有異故燕禮與夫大射卿大夫則皆用圜壺以其大夫尊之所有事示為臣者有直方之義故用方以其士旅食卑之所有事示為士者以順命為宜故用圜壺之方圜蓋見

於此至於聘禮梁在北而八壺南陳梁在西而六壺東陳蓋東蠢以動出而有接南假以大顯而文明乃動而應物以相見之時也以壺為設豈不宜哉且詩言韓侯取妻亦曰清酒百壺壺非特宗廟之器几燕射昏聘無適而不用焉故其制度銘刻不一蓋自三代以来禮不相襲迄于秦漢去古既久而制作愈失故有刻木繪漆皆出諸儒一時之臆論夫

尊以壺爲下蓋盛酒之器而瓶者亦用之以
盛酒者也此周人有瓶之罄矣之詩然後知
瓶亦古人之所用者然其字從瓦所以貴其
質而此皆以銅復作螭麟鸚鵡之飾蓋古人
大體至漢蓋雕鏤矣然賈至稱漢雜三代之
政而王通亦謂捨兩漢安之則制作有出於
此者宜亦可觀也已

周蟠螭瓶

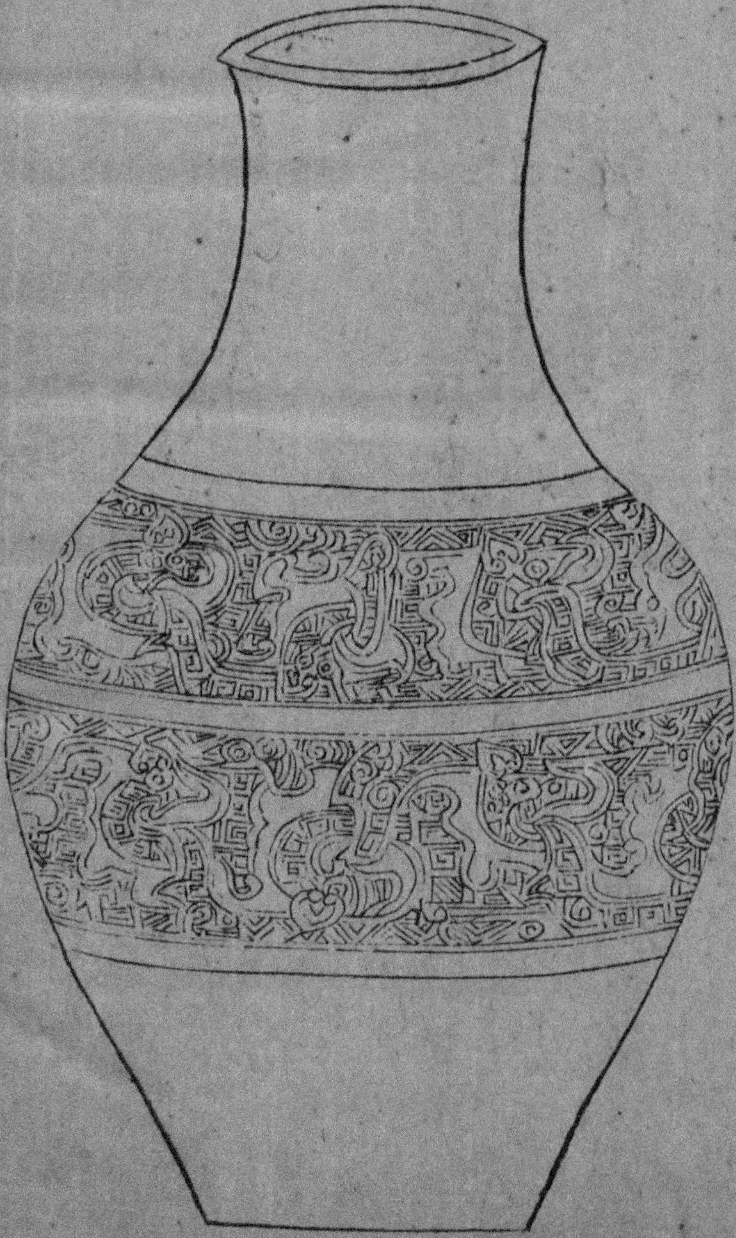

右高一尺八分深一尺一分口徑一寸七分容四升八合重六斤無銘蓋缾之為用久矣易言羸其缾詩曰缾之罄矣是也腹作蟠螭首尾糾結形若麟缾之狀周有一壷其著象亦蛟螭此缾也其飾如此亦以壷類故也

漢麟瓶

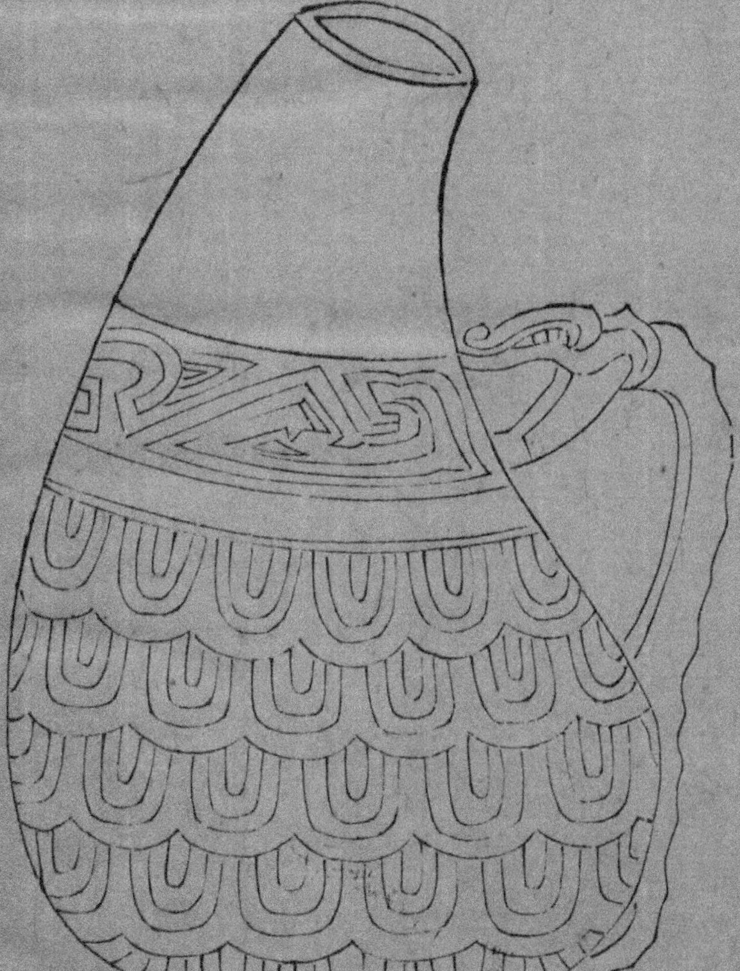

右高八寸六分深七寸五分口徑九分容一升八合重三斤四兩有鋬無銘書曰左右攜僕韓子曰供給之人各執其物此古提攜供給之器也走趨雖遽滿而不溢口兼流用坐無繁飾周身甲錯若麒麟肰蓋炎漢巳来物也

漢螭首瓶

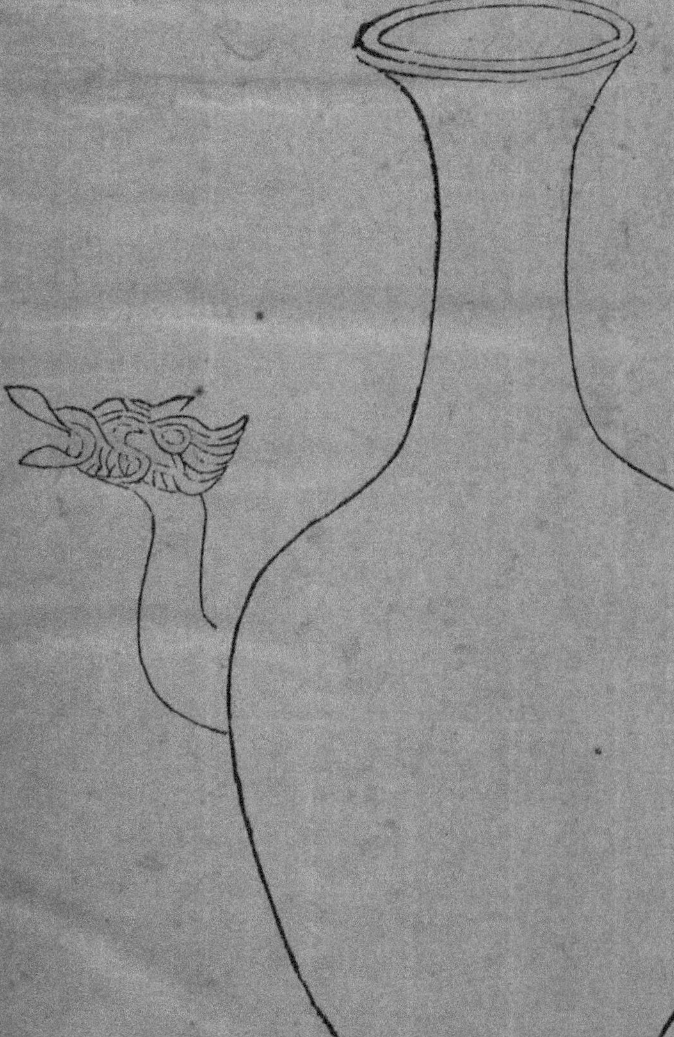

博古十二 八

右高七寸二分深七寸口徑八分容一升三合重一斤十兩有流無銘是器純素唯流作螭首昔人飲器多取螭為飾蓋君子之於酒交之以仁制之以威者凡欲如此然製作浮薄而無古意視三代之器未可同日而語也

商貫耳弓壺

弓

右高一尺一寸八分深一尺五分口徑長三寸七分闊四寸五分腹徑長八寸九分闊七

寸五分容一斗二升重十有二斤八兩兩耳此器以弓銘之壺酒之下尊也商之飲器如爵者類銘之弓盖躲者未嘗不繼之飲以其禮難所以強世者也故必寓於人情之所易此記禮者之於鄉飲以謂吾觀於鄉則知王道之易易者其在是歟觀其兩耳可以貫繩是必繫而挈之者製作簡樸比周器則質勝之

商敀姬壺

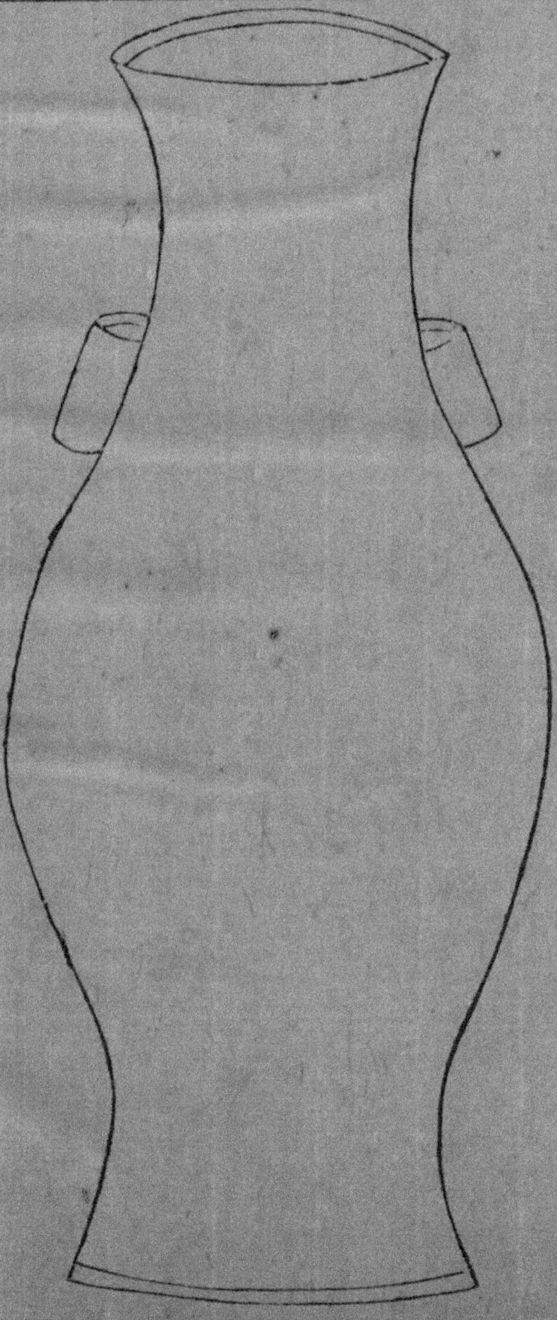

敓姬作
寶彝

右通蓋高一尺四寸六分深一尺一寸五分
口徑二寸八分腹徑四寸四分容五升四合
共重五斤四兩兩耳銘五字曰敓姬者蓋其
氏族也古之氏族或以王父字或以謚或以

世系所封之地於是後世子孫以之女子皆
得以通稱之若曰有娀氏之女者蓋以娀國
為言也若曰孟姜者蓋以姜姓為言也若曰
繼女者蓋以繼公之謚為言也此言㪘姬凡
此類耳是器則壺也制樣與古略不加雕鏤
之曰而曰作寶彝真所謂法度之器也

商蟠夔壺

右高一尺四寸二分深一尺二寸三分口徑長五寸闊三寸五分腹徑長九寸二分闊五寸五分容一斗五升五合重十六斤十有五兩兩耳連環無銘腹作蟠夔勢若飛動比商甲壺設飾少異而體制頗同渾厚之風照然可見

周仲丁壺

惟六月初吉丁亥
召仲丁父自作壺
用祀用饗多福滂
用蘄眉壽萬
年無疆子、孫、
永、寶是尚

右高一尺五寸二分深一尺三寸四分口徑七寸七分腹徑一尺一寸一分容二斗有半重二十一斤十有二兩兩耳連環銘三十七字小篆壺字壺上為蓋中為耳下為足正皆象形而此壺字其省文更奇體類大篆年巳加千周宣巳後物也召仲丁雖無見於傳記然周有召伯召虎最為聞家今姓豈其功臣之世賢者之類耶而文曰用祀用饗多福滂

語極典古周禮朝踐用兩壺尊用祀之謂也
左傳周景王燕晉文伯尊以魯壺用饗之謂
也許慎曰渥衍沛滂言多福與渥澤也坊記
有曰恭則用祭器故知此壺之設祀饗兼用
也是器耳爲饕餮紋結蟲獸此周器之重大
完好者也

周觚稜壺

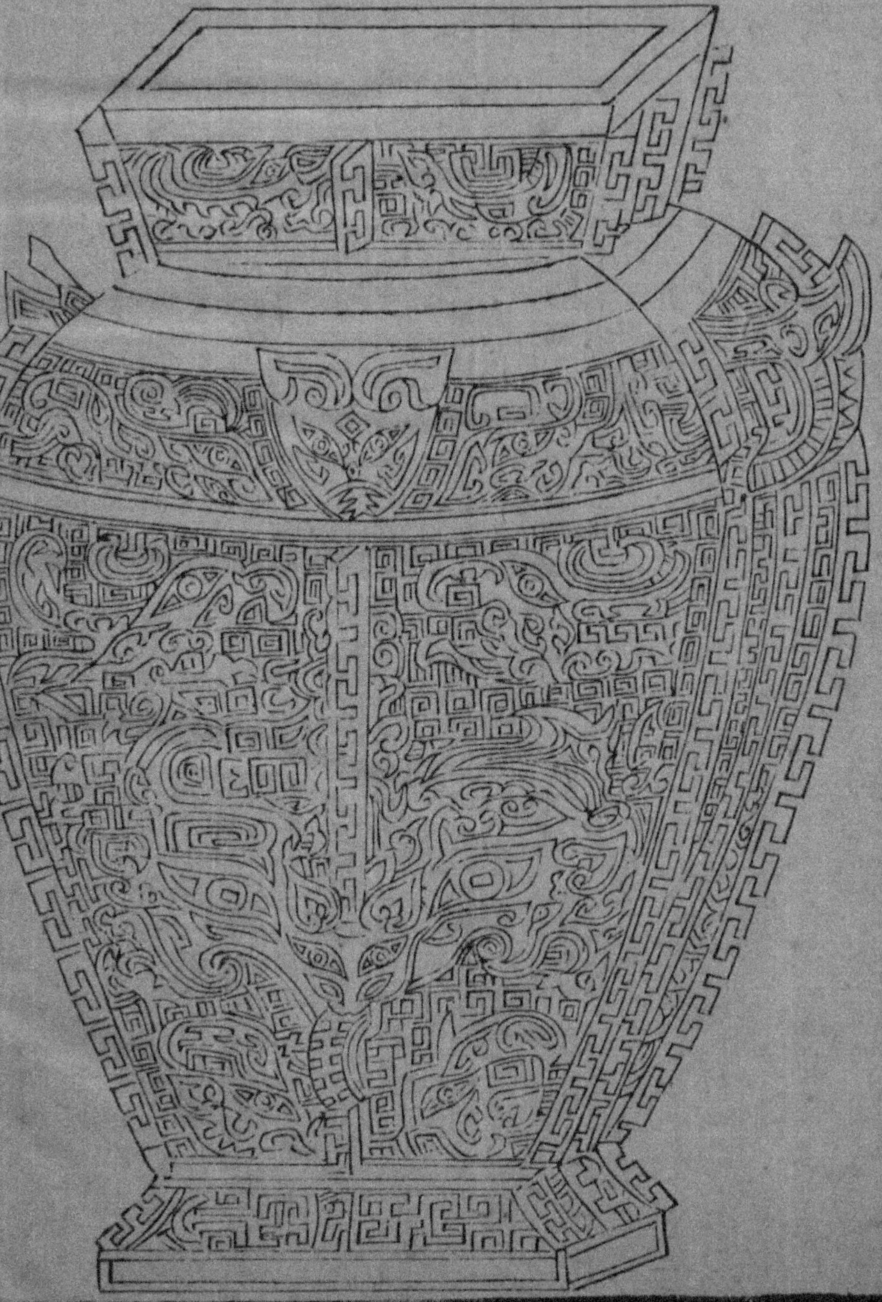

右高一尺六寸八分深一尺四寸八分口徑長五寸四分闊四寸三分腹徑長八寸八分闊六寸五分容三斗二升二合重二十五斤十有四兩兩耳連環有鼻無銘嘗觀漢方壺數品皆澆薄凡陋此器渾厚端雅體方而觚稜四出腹著饕餮間以夔龍郁郁之文焜耀人目益知後世澆風掃地而不能仿佛周之萬一也

周百獸圜壺

右高一尺六寸五分深一尺四寸五分口徑五寸八分腹徑一尺二寸八分容四斗二升重二十二斤有半兩耳連環無銘是器紋鏤如縈絲髮諦視之則百獸形也兩耳挾腹復作獸首齧環為挈提之具純緣作垂花是間實以穟草考他器所飾奇巧無過於是壺者雖曰周物亦出乎其類耳

周貫耳壺一

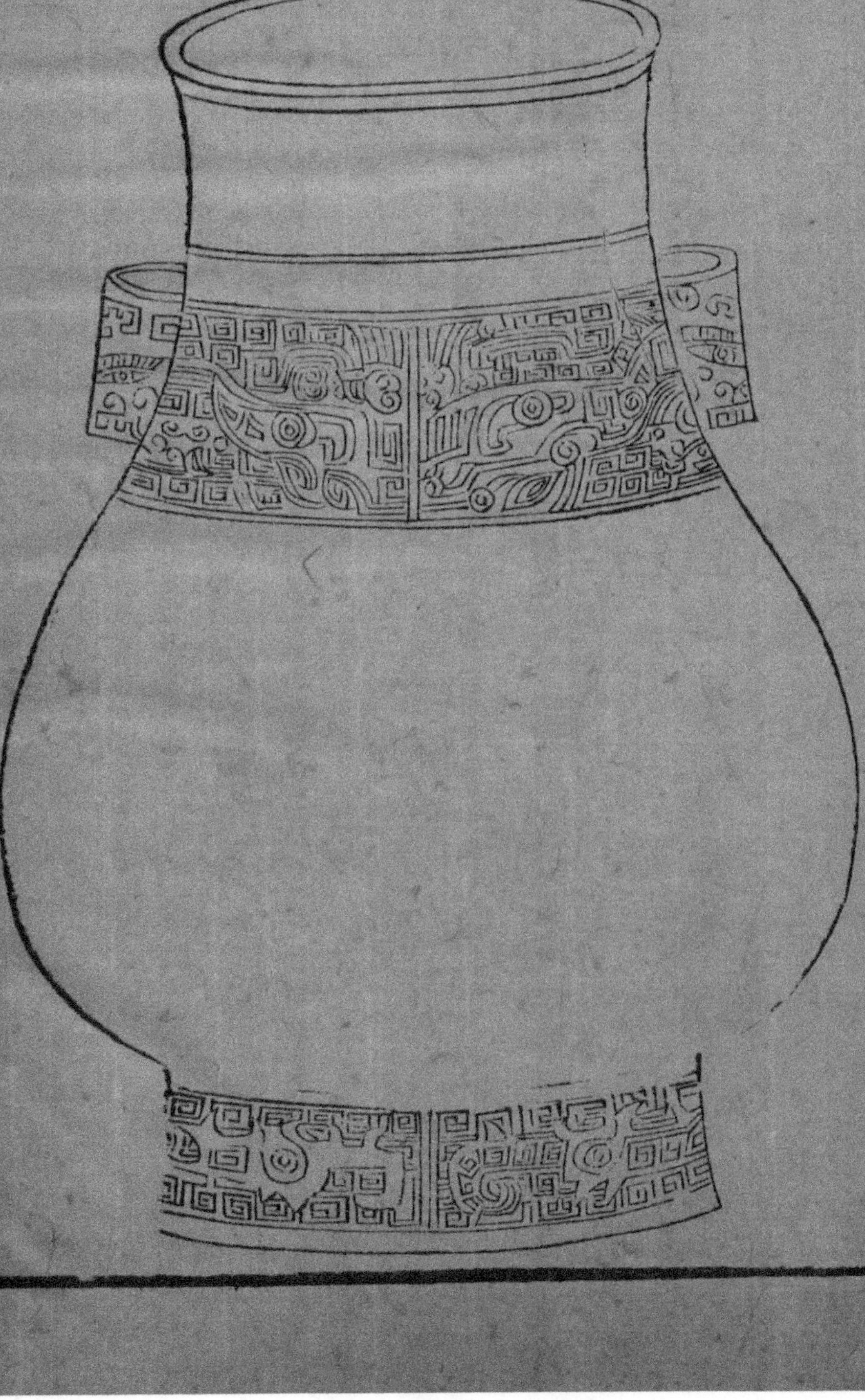

周貫耳壺二

周貫耳壺三

博古十二　十九

周貫耳壺四

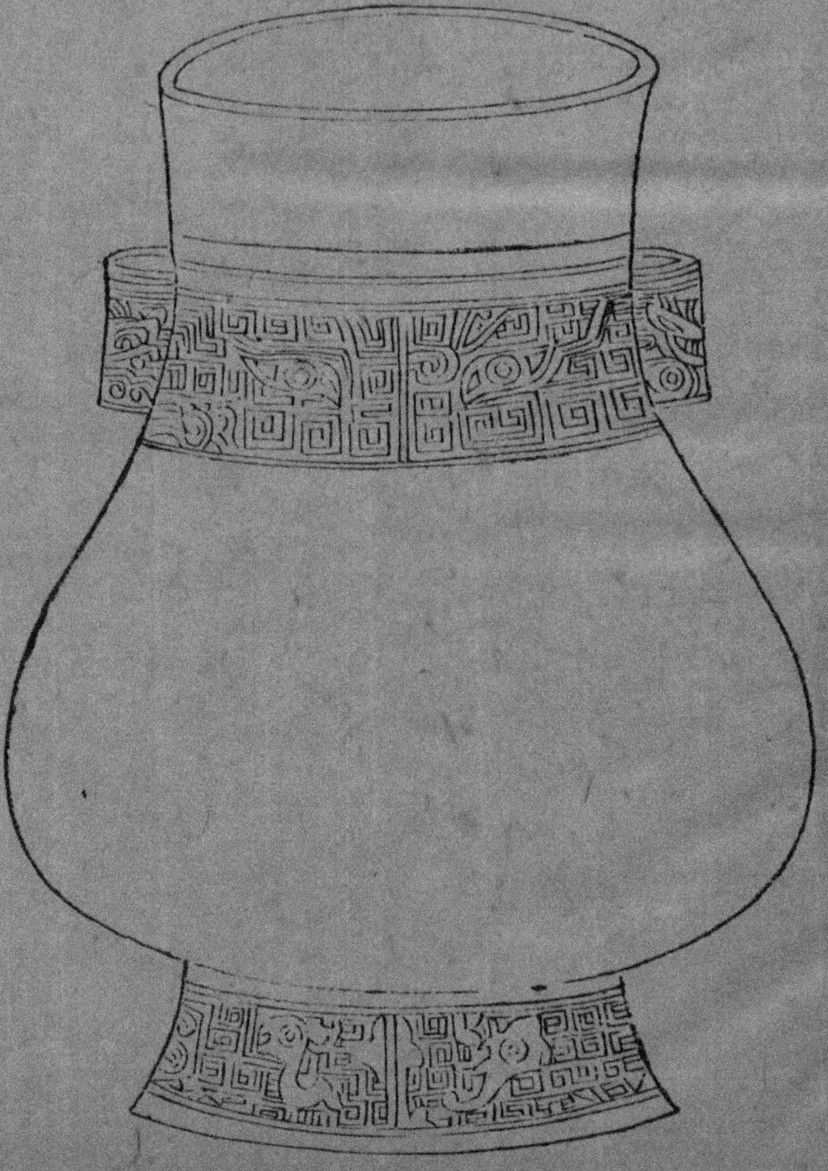

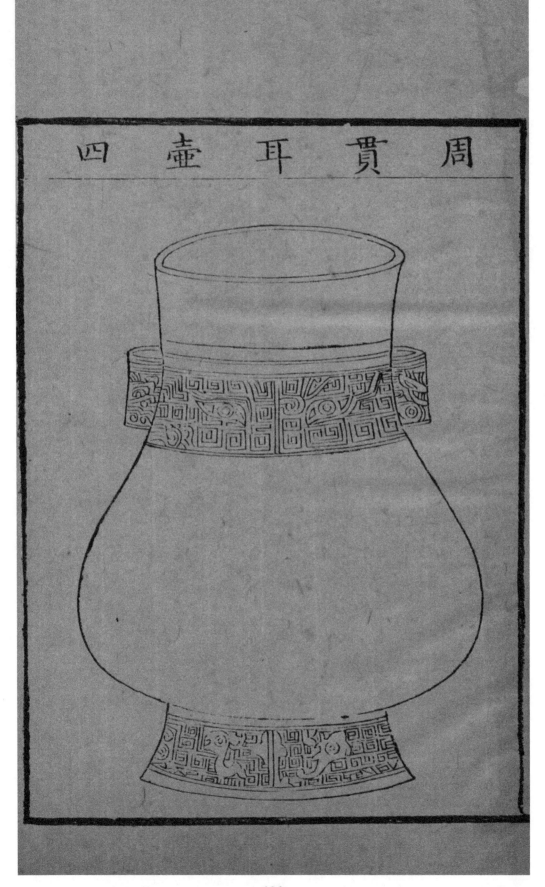

周貫耳壺五

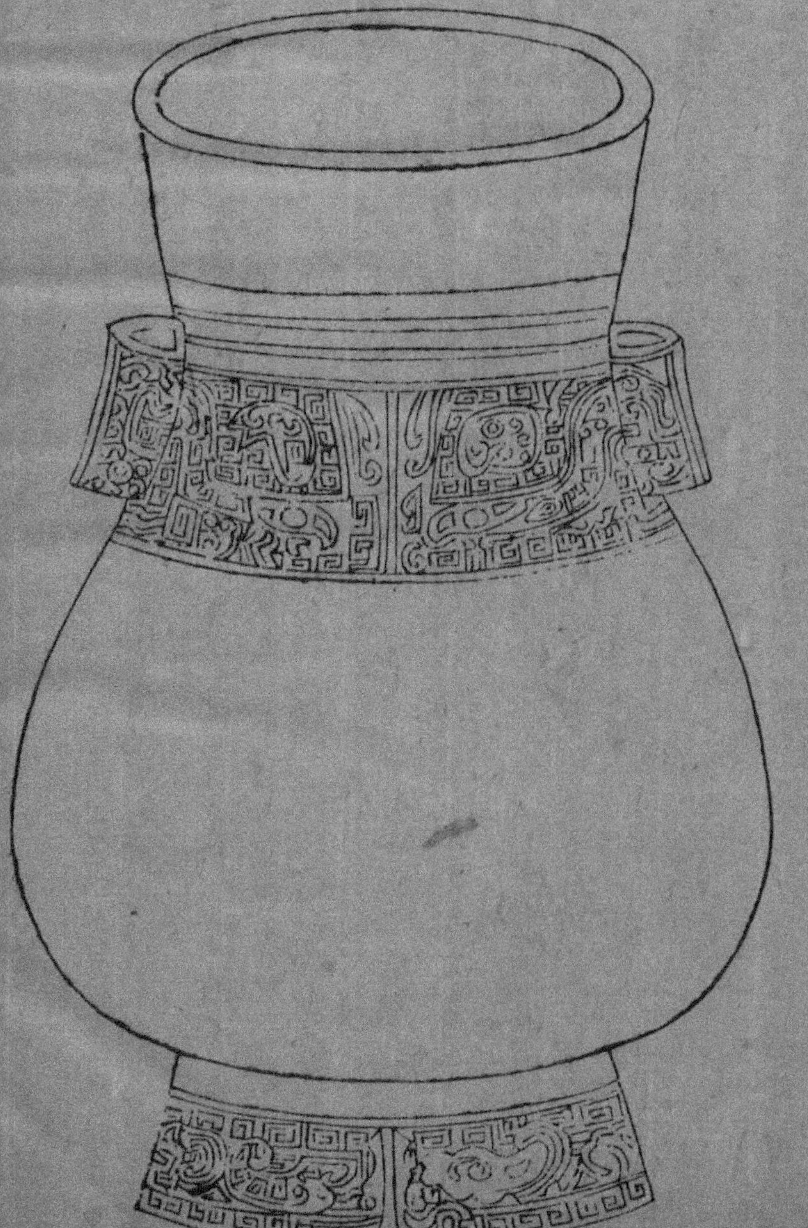

第一器高一尺一寸三分深九寸七分口徑長五寸二分闊四寸二分腹徑長七寸七分闊五寸六分容八升有半重七斤十有二兩兩耳無銘

第二器高一尺一分深八寸八分口徑長四寸八分闊四寸腹徑長七寸闊五寸三分容六升七合重四斤二兩兩耳無銘

第三器高一尺一寸五分深一尺口徑長五

寸二分闊四寸腹徑長八寸一分闊五寸六
分容八升有半重五斤十有五兩兩耳無銘
第四器高一尺九分深九寸六分口徑長四
寸九分闊三寸六分腹徑長七寸四分闊五
寸五分容七升二合重七斤二兩兩耳無銘
第五器高一尺一寸三分深九寸八分口徑
長五寸闊四寸三分腹徑長七寸五分闊五
寸八分容九升重八斤兩耳無銘

右五器皆兩耳通貫上下可繫以挈而其爲耳之形制則稍異或飾之以夔首或著之以角獸或聳起作饕餮之狀或通上下巚爲獸面肰中空均可以貫繩而腹是閒類飾以雲雷饕餮文鏤精巧寔周物也

周饕餮方壺

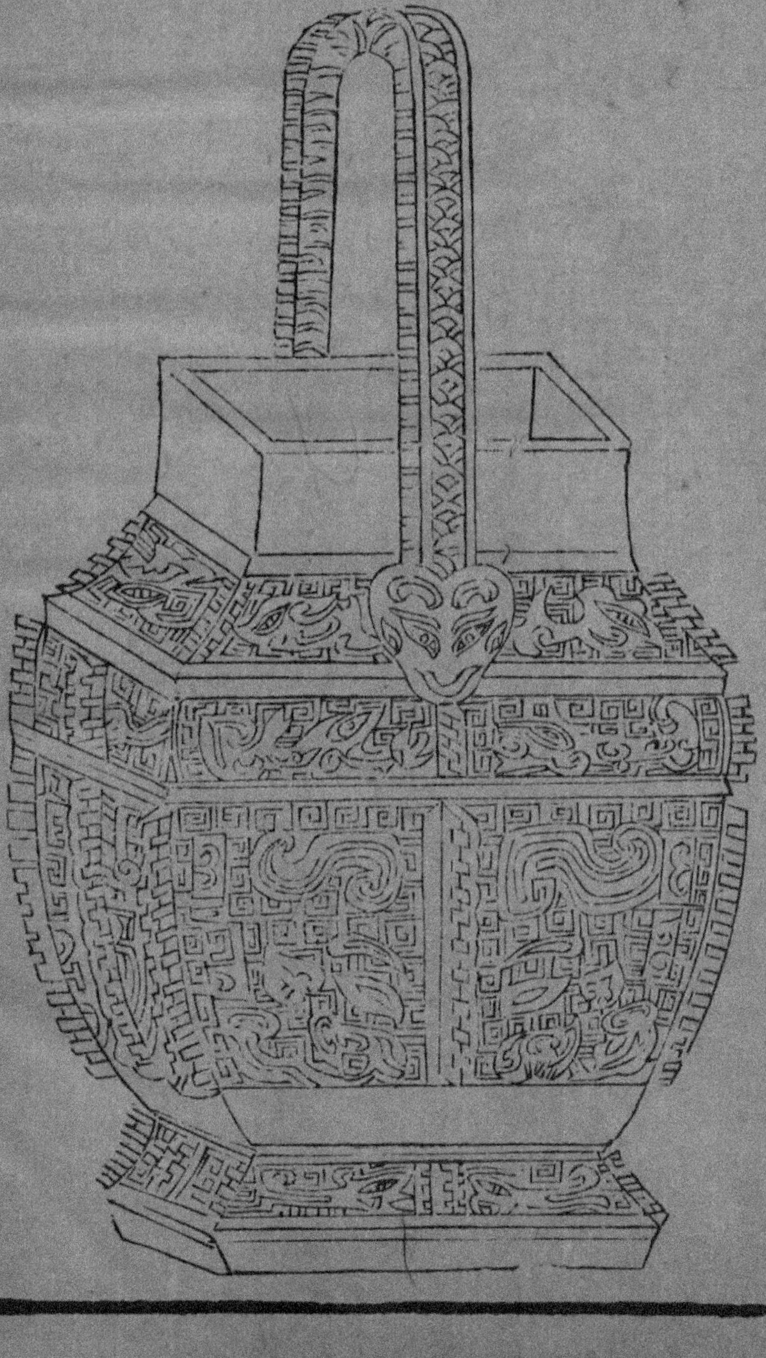

右通蓋高一尺六分深六寸七分口徑二寸一分腹徑八寸八分容四升共重六斤一兩有提梁無銘古者用壺亞於尊彝雖為用則一而其制則有方圓之異此方壺者蓋燕禮與大射卿大夫所用器也以其卿大夫臣子所用之器故示以直方之理觀其形制若卣而周身為饕餮間以雲雷必周之器也

周盤雲壺

右高一尺一寸六分深一尺一分口徑三寸六分腹徑七寸二分容一斗一升重十斤六兩兩耳連環無銘耳作犧首仰上雙角之間飾以人首脰足盤雲形制大槩頗類周仲丁壺非近世規模之所能及也夫飲養陽食養陰壺所以盛酒養陽之物於是以犧首人首飾之首者衆陽之所會故也

周三耳壺

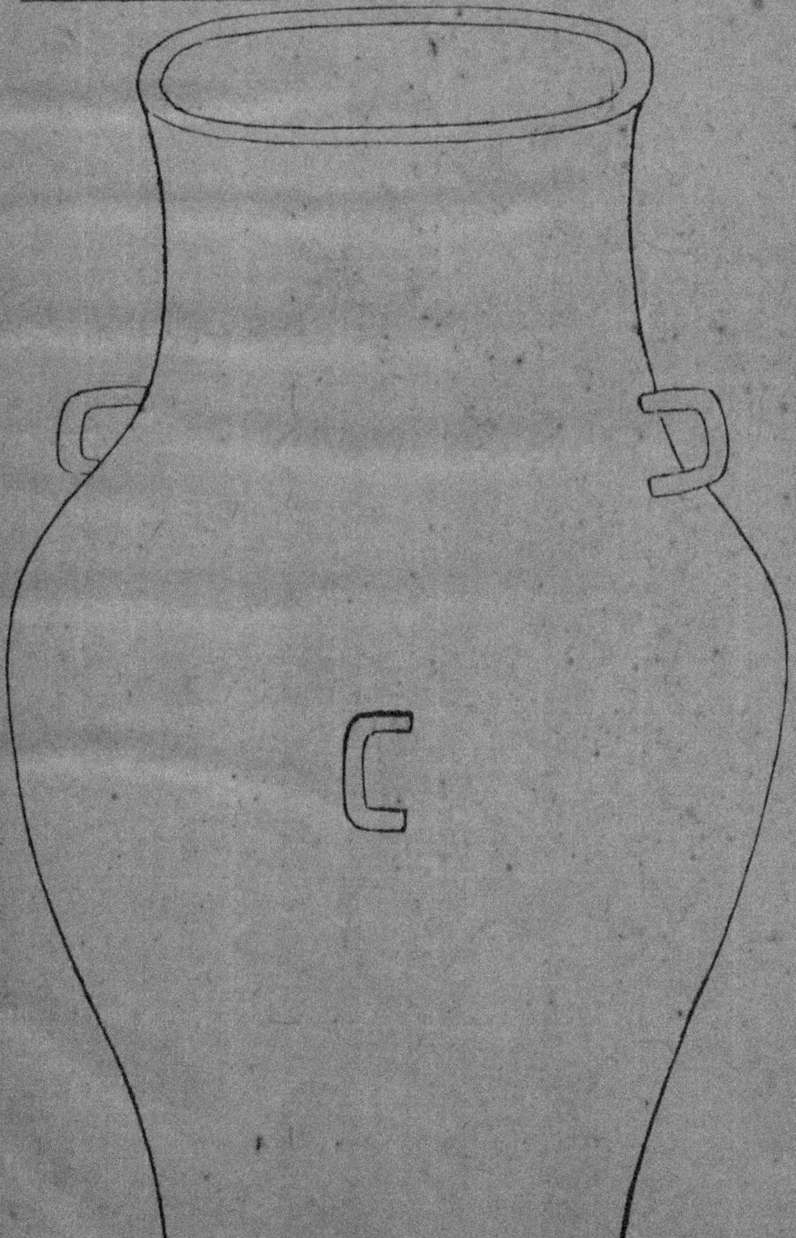

右高九寸三分深八寸八分口徑長三寸六分闊二寸腹徑長五寸三分闊三寸二分容三升一合重一斤十有一兩三耳無銘是器壺也其為用雖一而方圜或異今所藏壺之形制圜者若周之仲丁圜而脩者若周之斂姬方者若漢之獸耳此特體匾而橢三耳純素不加設飾比他壺形制為小異然比漢器則奇古勝之比周器庶幾近似焉疑晚周之物也

周交螭雲雷壺

右通蓋高一尺六分深九寸八分口徑三寸一分腹徑七寸一分容八升重四斤有半兩耳蓋上連環無銘脰腹飾以交螭間起雲雷旁列三耳昔楊雄言螭虎桓桓而釋者以為仁威夫壺所以盛酒其用莫急於食饗而食饗者所以仁賔客也至於威則又欲其剛制于酒而不流耳

周螭首方壺

博古十二　只

右高一尺二寸（闕一字）分深一尺一分口徑長四寸九分闊二寸（闕一字）分腹徑長六寸三分闊三寸二分足徑長（闕一字）寸（闕一字）分闊四寸五分容六升五合重九斤（闕一字）兩兩耳連環無銘是器土花漬潤涵斑（闕四字）下設螭紋腹介間隱起繚絡形耳（闕四字）銜圜環肰規模典古製作精緻比（闕四字）壺但方而微匾耳

周鸎耳雷紋壺

右高九寸三分深八寸口徑三寸腹徑六寸八分容六升三合重三斤一十兩兩耳連環無銘是器通腹上下作蛟螭糾結之狀錯以雷紋兩耳為鸚鵡狀貫之圜環今所藏壺盖亦以鸚鵡為飾昔之記禮者以鸚鵡能言為不知禮者之刺是器之設特取此者豈無謂乎

周三螭壺

右通盖高一尺四寸二分深一尺二寸一分口徑五寸五分腹徑一尺四分容三斗一升二合共重一十三斤十有二兩無銘是器自盖頂及脰間皆鏤以蟠螭又别為三圈飾以三螭戲珠之狀盖上設四小圈環仰以著地則如敦之有會焉中分四體各綴以環為提挈之具周官壺氏掌挈壺𠩺致挈者非其環則不可此壺盖體皆設四環是其所以為貫而挈之之所耳

周雷紋螭首挈壺

右通蓋高三寸六分深二寸六分口徑三寸容一升三合共重二斤五兩兩耳有提梁無銘是器圈其足紋以夔龍饕餮周於腹間而間以雷紋蓋設三環傍貫小連環綴於提梁之右提梁作方斜文下為兩螭首以齧其耳弦其規模與他壺略不相侔肽此器製作加勝歸之周器無疑

周四鸚壺蓋

右高一寸八分四方方各三寸七分重一斤二兩無銘四垂隆起作鈿玉古紋交結糾錯雜刻削之所不及旁有四鸚勢若飛動覆之可以為盖仰之可以為足文鏤加勝惜其器之不完頃所藏鸚耳壺兩耳作鸚形義亦取諸此

漢太官壺

太官銅鍾容一斛建
武二十年工伍輿造
考工令史由丞或令
通主太僕監掾蒼省

右高一尺五寸五分深一尺三寸口徑五寸八分腹徑一尺一寸容二斗九合五合重二十一斤二兩兩耳連環銘三十二字按建武者漢之年號也東漢之盛惟建武永平號為極治而光武之初歲稱建武歷三十一年復稱建武中元而此曰建武者蓋即位之年號非建武中元之年也二十年歲在甲辰乃東夷率衆內附正極治之時自伍輿至蒼省蓋

其工造與大監掾之姓名耳此器體制類壺
而銘曰鍾者王安石以鍾字從金從重以止
為體蓋飲無以節之則流而生禍所以銘鍾
者欲其止而不流也盖壺以取形鍾以示成
故說文以鍾為酒器其義如之

漢綏和壺

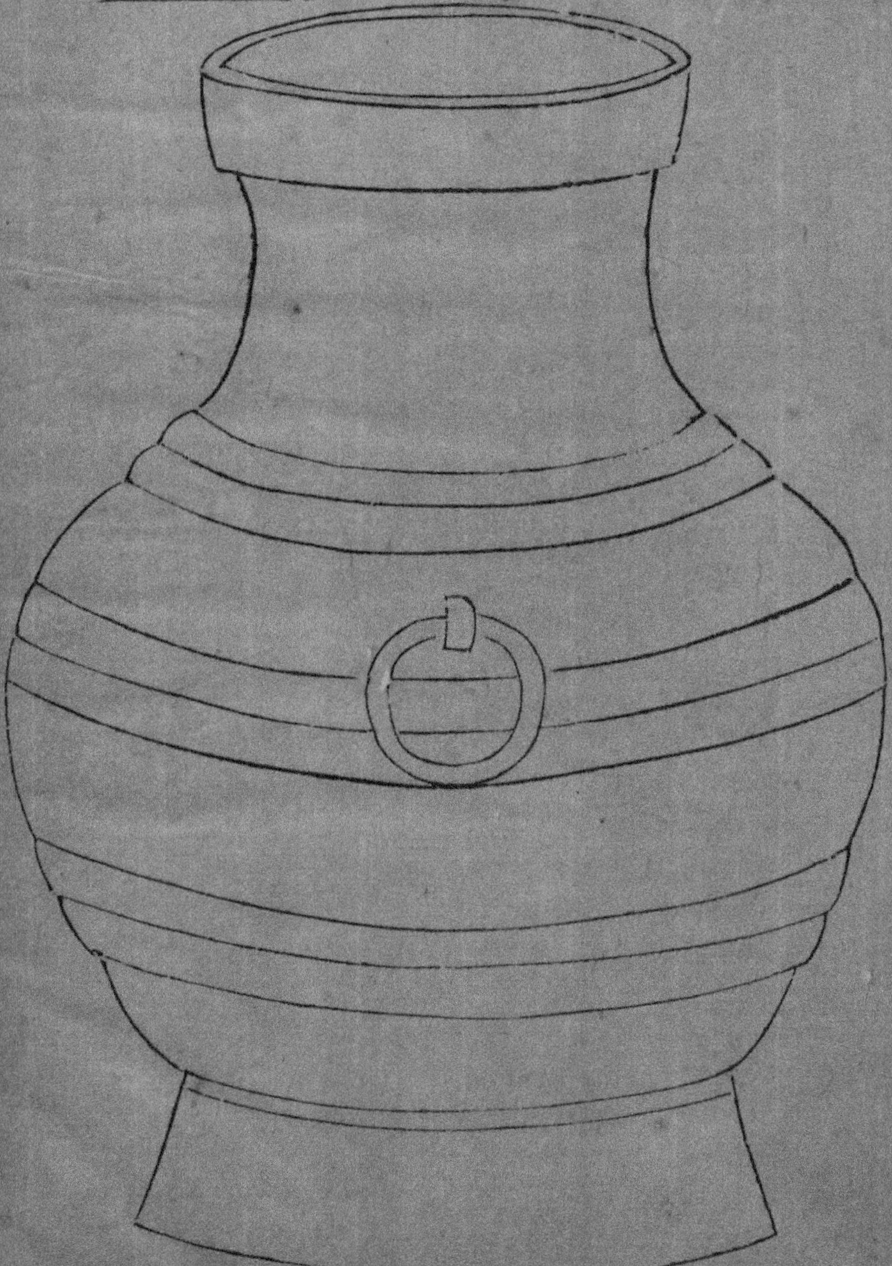

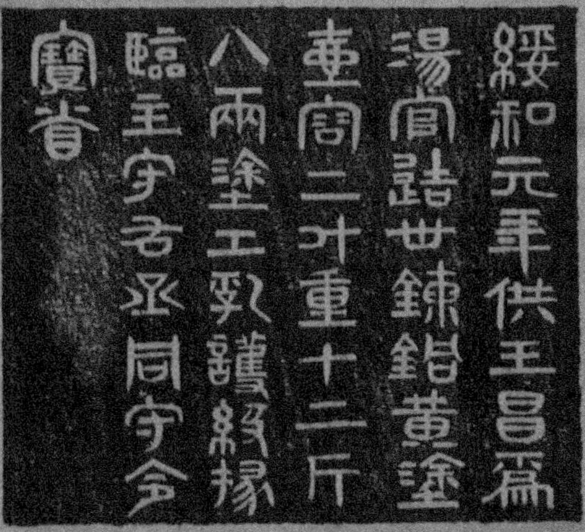

綏和元年供王昌為
湯官造三十鍊銅黃塗
壺容二斗重十二斤
八兩塗工乳護級掾
臨主守右丞同守令
寶省

右高八寸七分深七寸四分口徑三寸七分腹徑六寸四分容六升二合重五斤有半銘四十三字按漢成帝即位二十有六年始改元綏和而此壺作於是歲也凡漢器必謹其歲月與夫造器之官如曰護級掾臨主守右丞同守令寶省者是矣

漢雙鹿壺

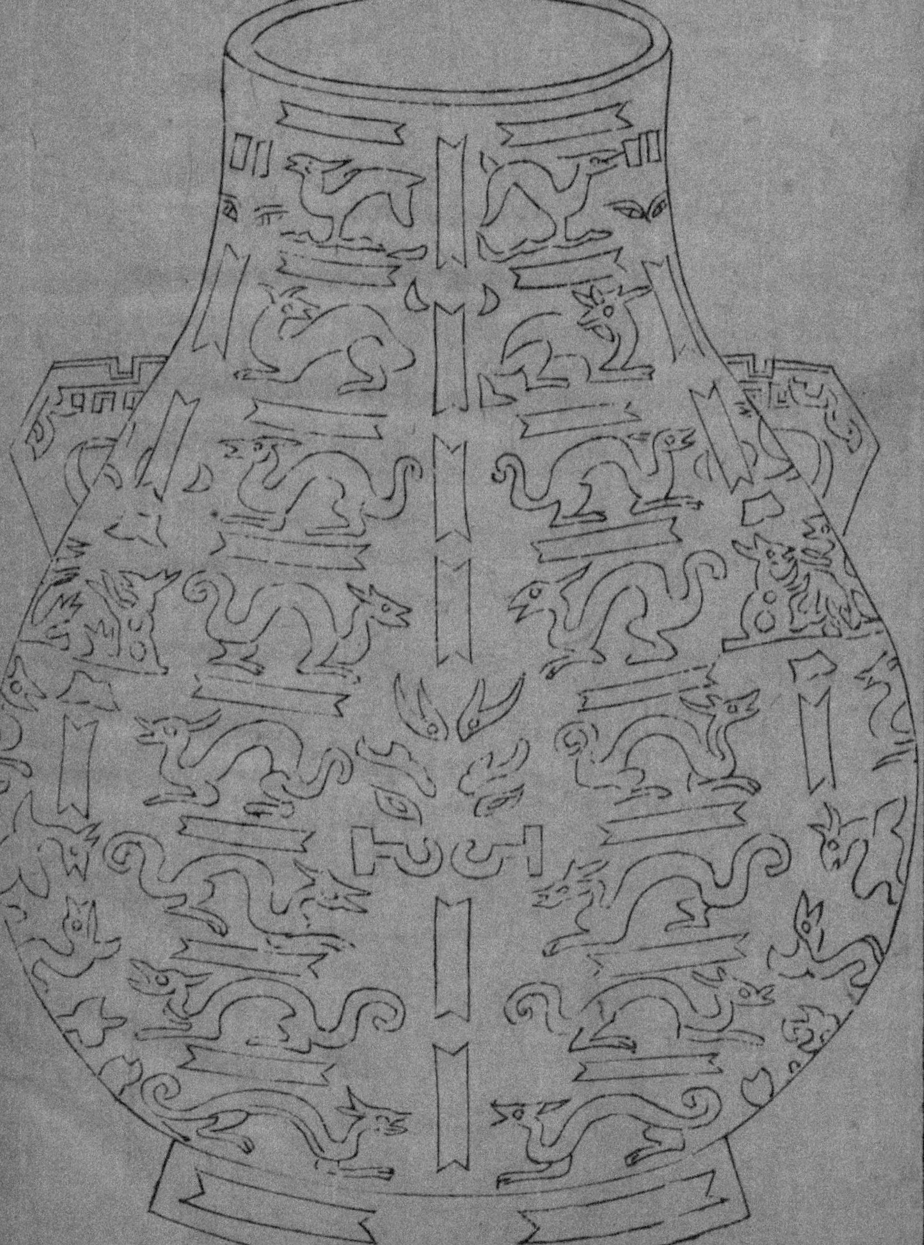

右高一尺四寸六分深一尺三寸九分口徑四寸二分容二斗八升三合重十有三斤八兩兩耳無銘此壺塡金作羣龍雙鹿之象而耳飾獸面此漢壺之工者也

漢鳧壺

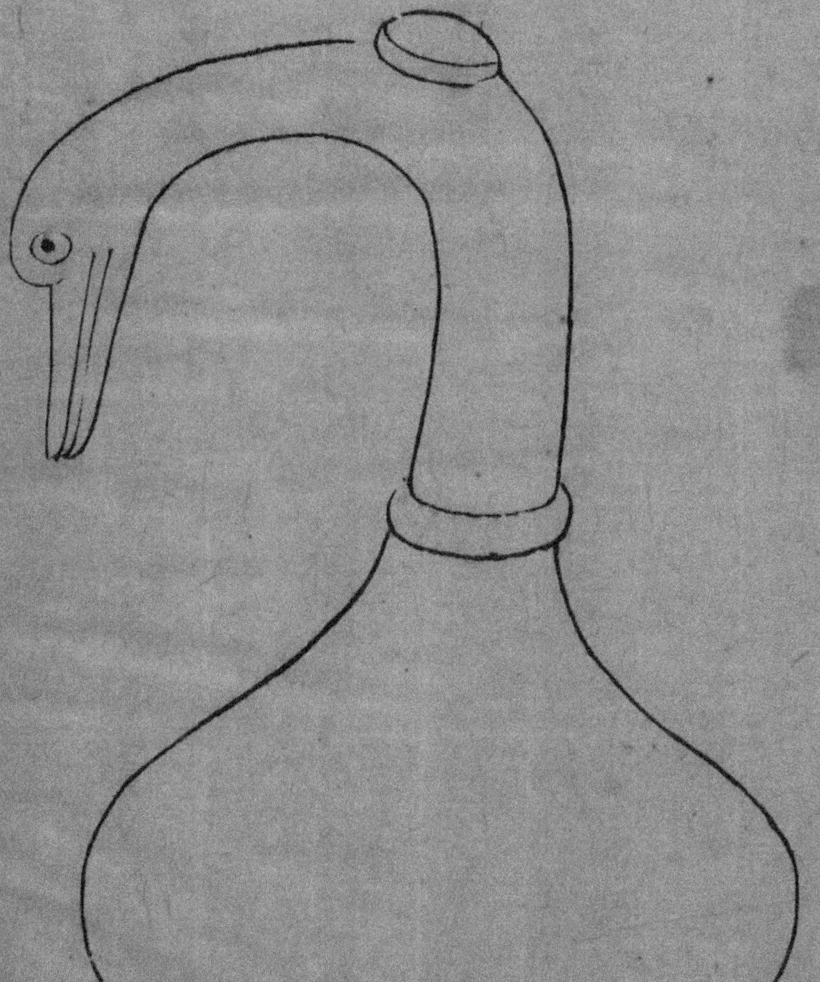

右高一尺二寸六分深一尺一寸四分口徑一寸腹徑七寸八分容六升重三斤八兩無銘彝之為物出入於水而不溺水以況習於禮者如是也蓋詩人以水譬禮謂水翫之則溺犯之則濡狀則取以飾飲器者蓋以示習禮之義若夫彝之有舟爵之設戈琖之用戔雖取理不同亦示其不由於禮則有殘傷覆溺之患矣古人警其過者大率如此

漢瓠壺

博古十二 廿九

右通蓋長一尺二寸六分闊五寸口徑一寸五分容五升共重四斤六兩兩鼻有提梁無銘範作瓠形螭首爲提束以綯紋嘗謂上古土尊丸瓠而公劉之詩亦曰酌之用匏則瓠壺之制蓋取諸此云

博古圖録考正卷第十二

博古圖錄考正卷第十三

壺二 二十八器

漢

山龍温壺

如意方壺一

如意方壺二

圜絡壺一

圜絡壺二

獸耳方壺三
獸耳方壺四
獸耳方壺五
素温壺一
素温壺二
素温壺三
素温壺四
粟紋壺一

粟紋壺二
粟紋壺三
鳳魚壺
獸耳圜壺
素圜壺一
素圜壺二
素圜壺三

漢山龍温壺

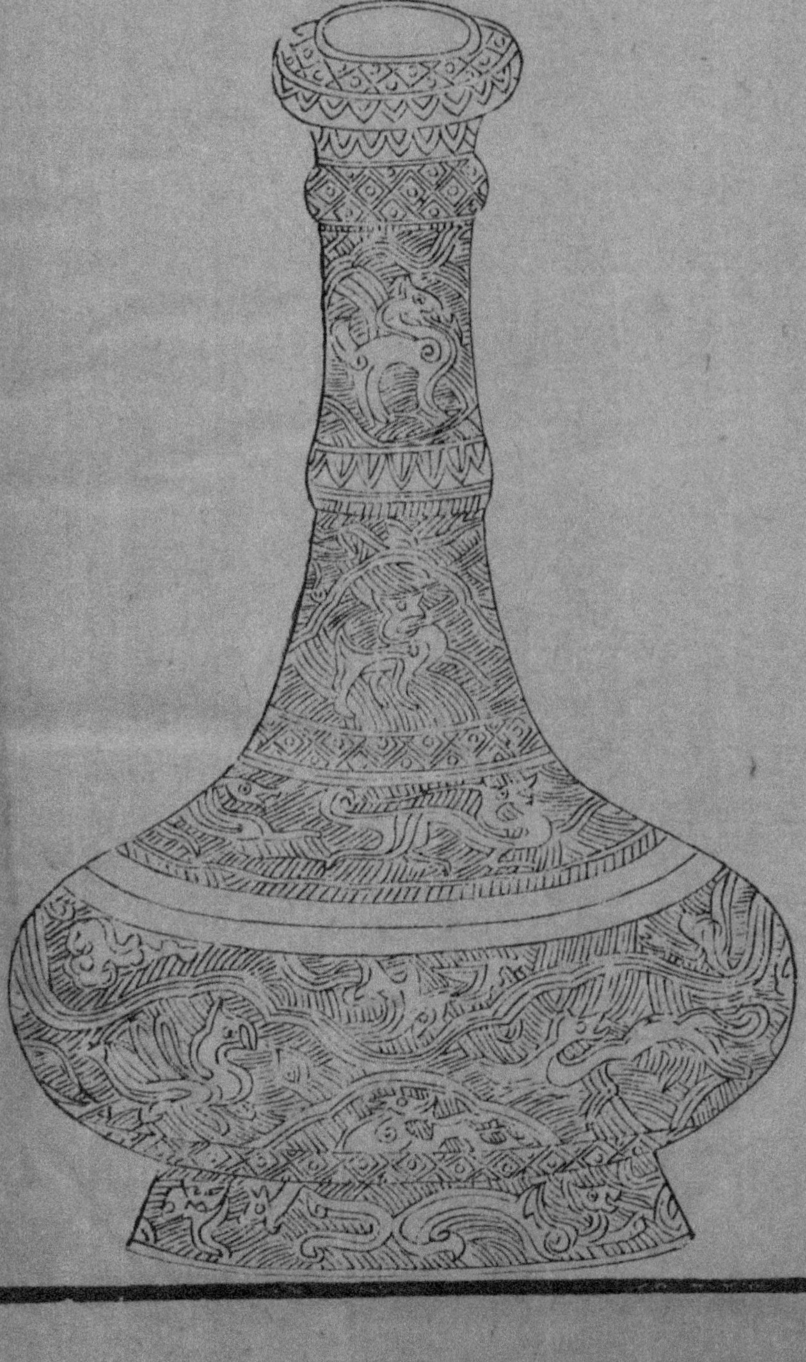

右高九寸八分深八寸九分口徑一寸四分腹徑六寸二分容二升五合重二斤十有一兩無銘觀其形制有類垂瓠上為之口可以貯湯蓋温手足之器也李公麟以為鈷鏻而丁度以鈷鏻為温器殆有所受之耳觀其腹脰飾以山龍其文雖華似非治鑄之所成者攷之近古則漢物也蓋守仁而静者山體仁而變者龍静變雖殊為仁則一禮以天地温

厚之氣始於東北爲天地之仁則温厚者氣之仁者也此爲温器而飾以山龍義取諸此古人設象豈徒眎哉

漢如意方壺一

高一尺二分深九寸二分口徑二寸八分腹
徑六寸容七升四合重八斤十兩兩耳連環
無銘

漢如意方壺二

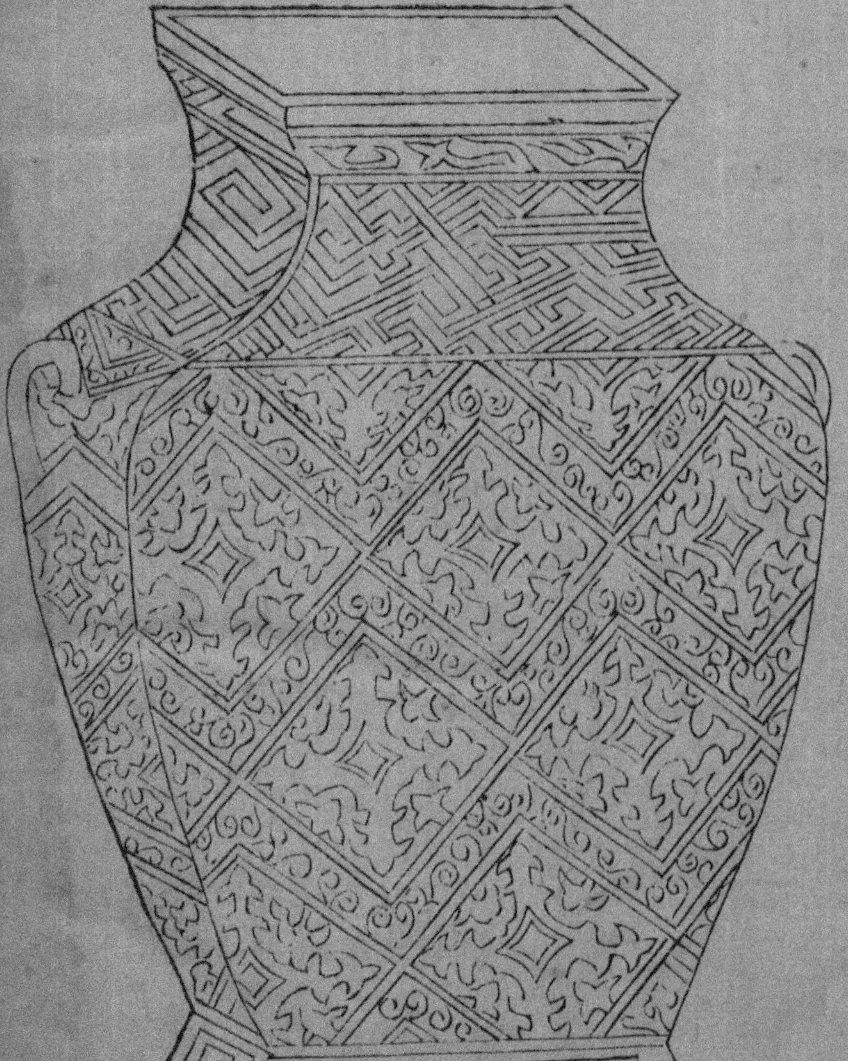

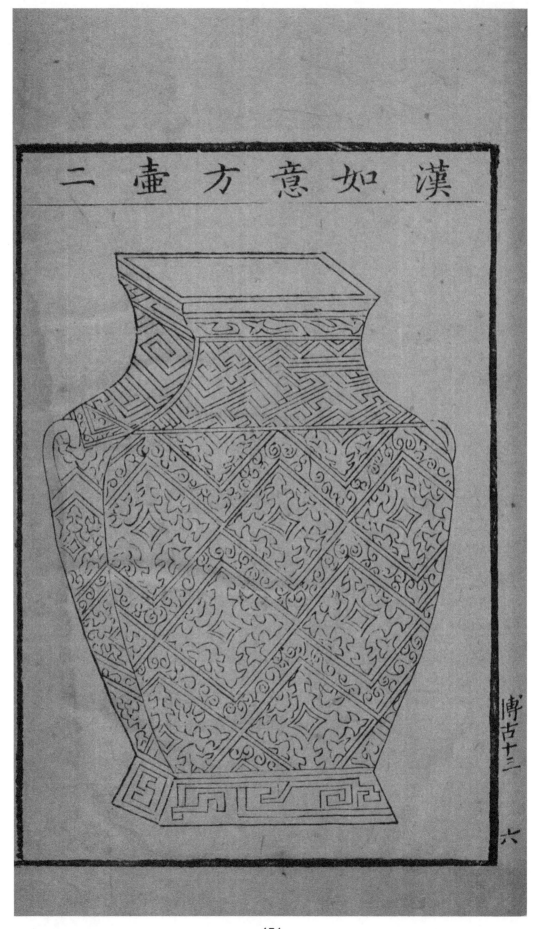

高一尺二分深九寸二分口徑二寸八分腹
徑六寸容七升四合重七斤九兩兩耳無銘
右二器皆方體兩耳取象饕餮腹作方斜實
以花紋其形若如意間以金碧粲然可觀規
模出於一律頗有古風漢器之至佳者也

漢圜絡壺一

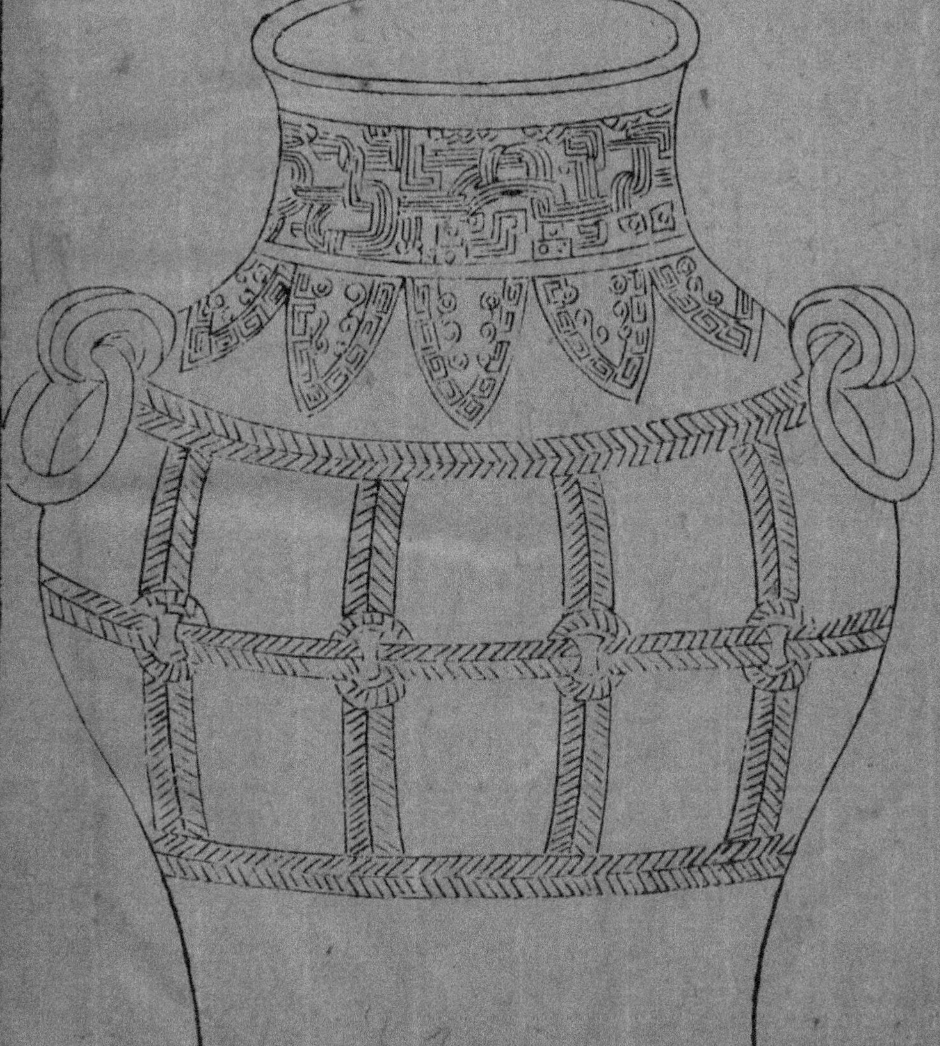

漢園絡壺二

前一器通盖高一尺一寸九分深一尺口徑
三寸四分腹徑七寸六分容一斗一升四合
共重六斤一十兩兩耳連環無銘
後一器通盖高一尺二寸深一尺一分口徑
三寸四分腹徑七寸六分容一斗一升四合
共重六斤六兩兩耳連環無銘
右二器制作悉同按小篆壺字上象盖中象
耳下象足此器不失其象得古多矣然腹間

環結如絡稽三代之器無一合者寔漢物也

漢蟠虬區壷

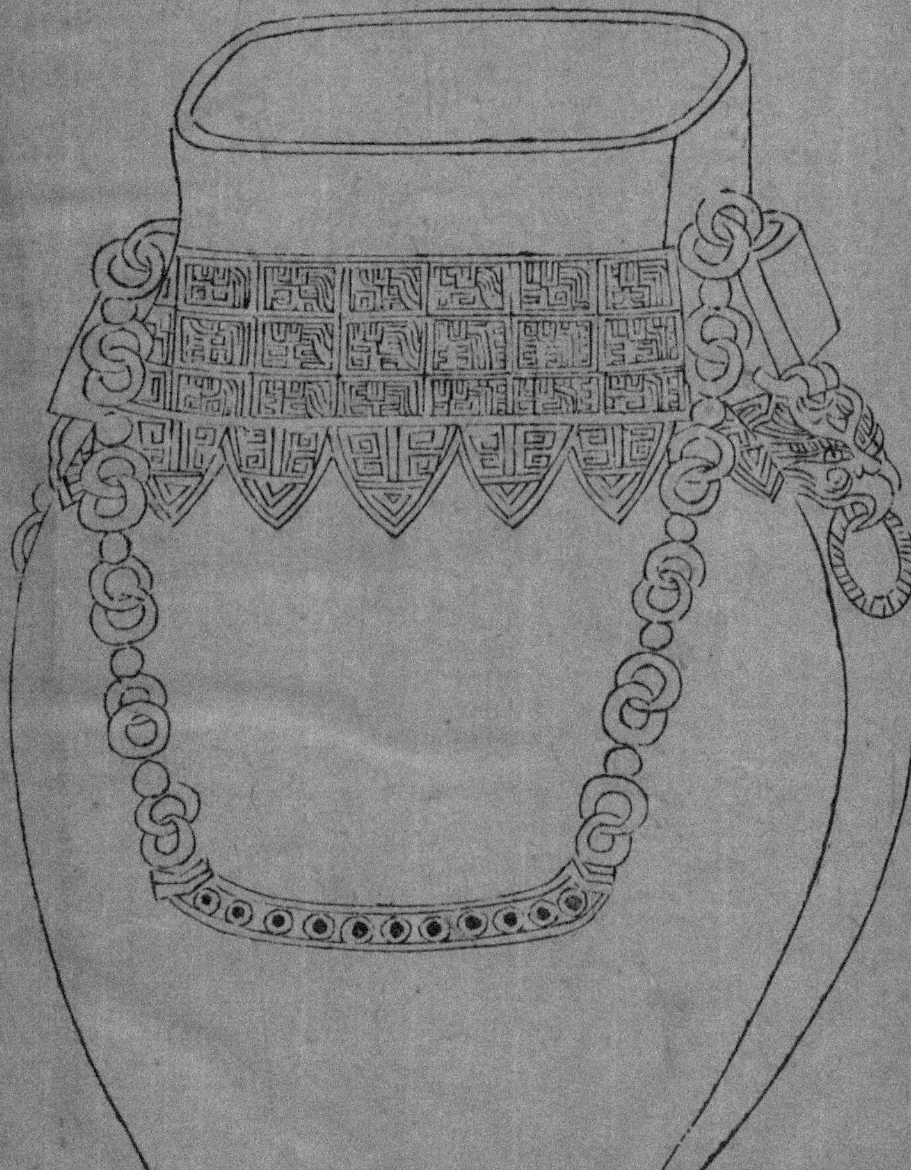

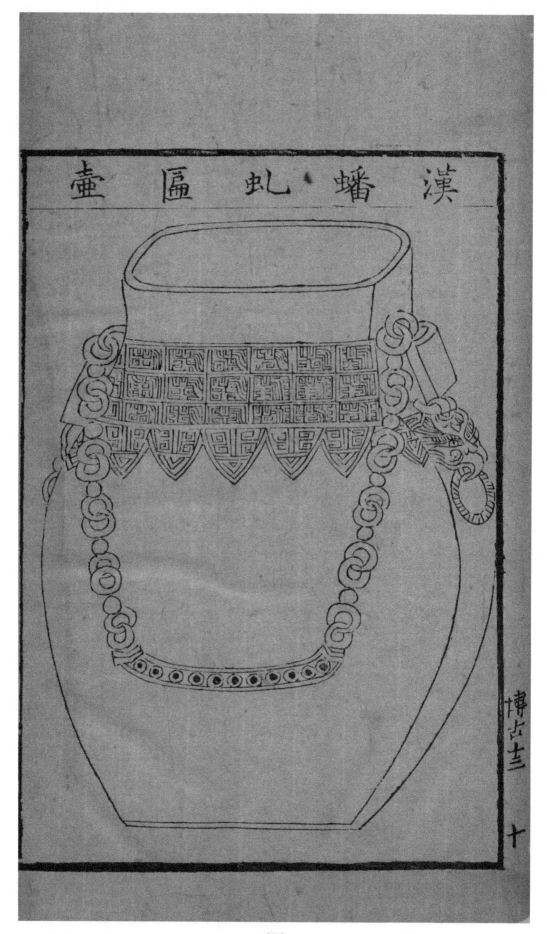

右高八寸六分深八寸三分口徑長三寸五分闊三寸容五升七合重四斤一十兩兩耳連環有提梁無銘周腹純素不加蟲鏤純緣之下作蟠虬糾結之狀形模差匾已失上古壺制貺工鑄雖精巧而竊近人情是必漢器也

漢細紋圜壺

右高一尺二寸一分深九寸四分口徑闕二字三分腹徑七寸容一斗重九斤一兩兩耳連環無銘漢之技巧最號精能故器之出闕二字時者莫不琢飾瓌異以極一時之妙工闕二字文縷縈紆如盤絲髮可謂盡美者也

漢匾壺一

漢匾壺二

漢匾壺三

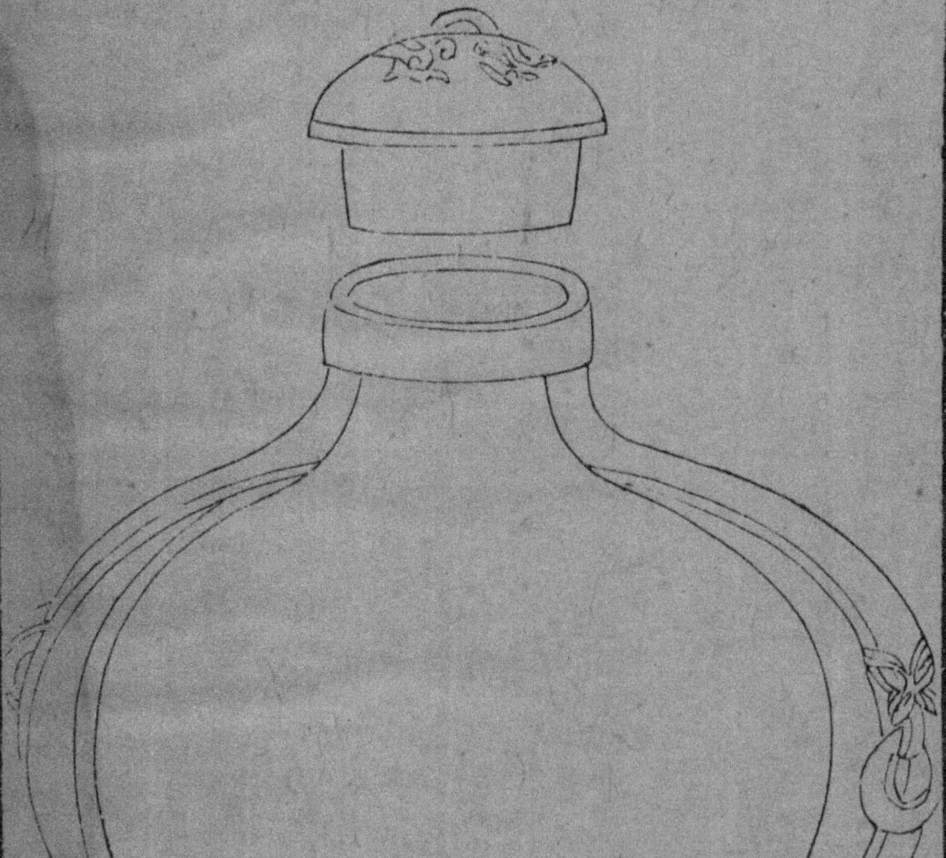

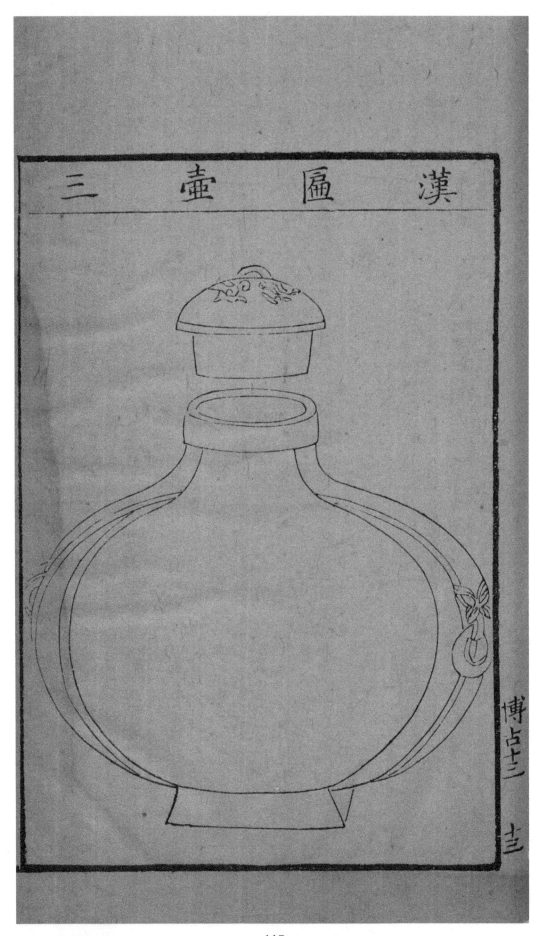

前一器高一尺二寸深一尺一寸一分口徑
三寸五分容一斗十一升九合重十斤一兩兩
耳無銘
次一器高一尺五分深九寸六分口徑三寸
三分容八升五合重六斤五兩兩耳連環無
銘
後一器通蓋高九寸六分深八寸口徑一寸
容五升一合共重四斤二兩兩耳連環無銘

右前二器通體紋飾繁縟後一器特純素皆附兩耳形制特匾故因其形而名之盖古者卿大夫則用方壺士旅食則用圜壺而方圜有所不同所謂匾者則不著之於經傳亦漢儒不復見先王禮文之盛出後人臆見而有作也

漢小匾壺

右通蓋高三寸四分深二寸七分口徑一寸三分容二合共重五兩三分兩耳有提梁無銘狀為壺而匾口圜而足方作連環以為提文飾頗雜施設殆未可詳耳大抵後人製器務為奇恠不純乎古故去理愈遠焉正如汙尊杯飲之後而繼之以大巧也

漢獸耳方壺一

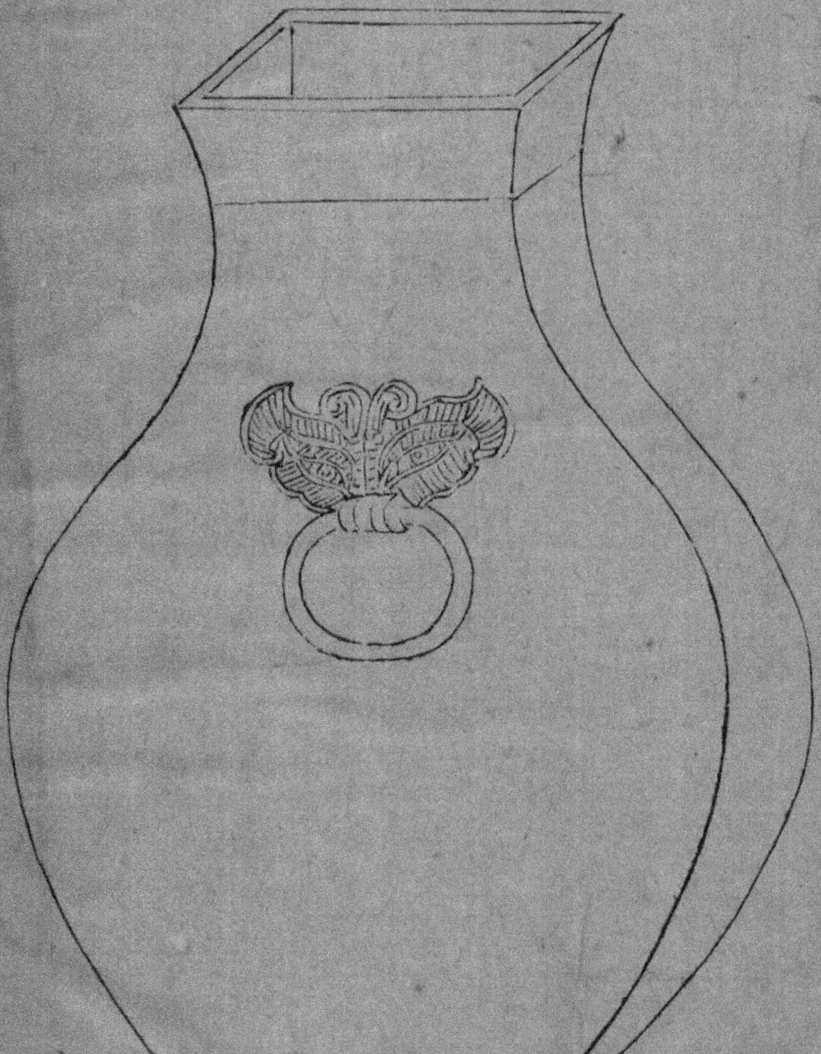

通蓋高一尺二寸五分深一尺六分口徑三寸四分腹徑六寸九分容一斗一升二合共重六斤十有三兩兩耳連環無銘

漢獸耳方壺二

通蓋高一尺二寸二分深一尺七分口徑三
寸腹徑六寸五分容一斗一升九合共重八
斤一兩兩耳連環無銘

漢獸耳方壺三

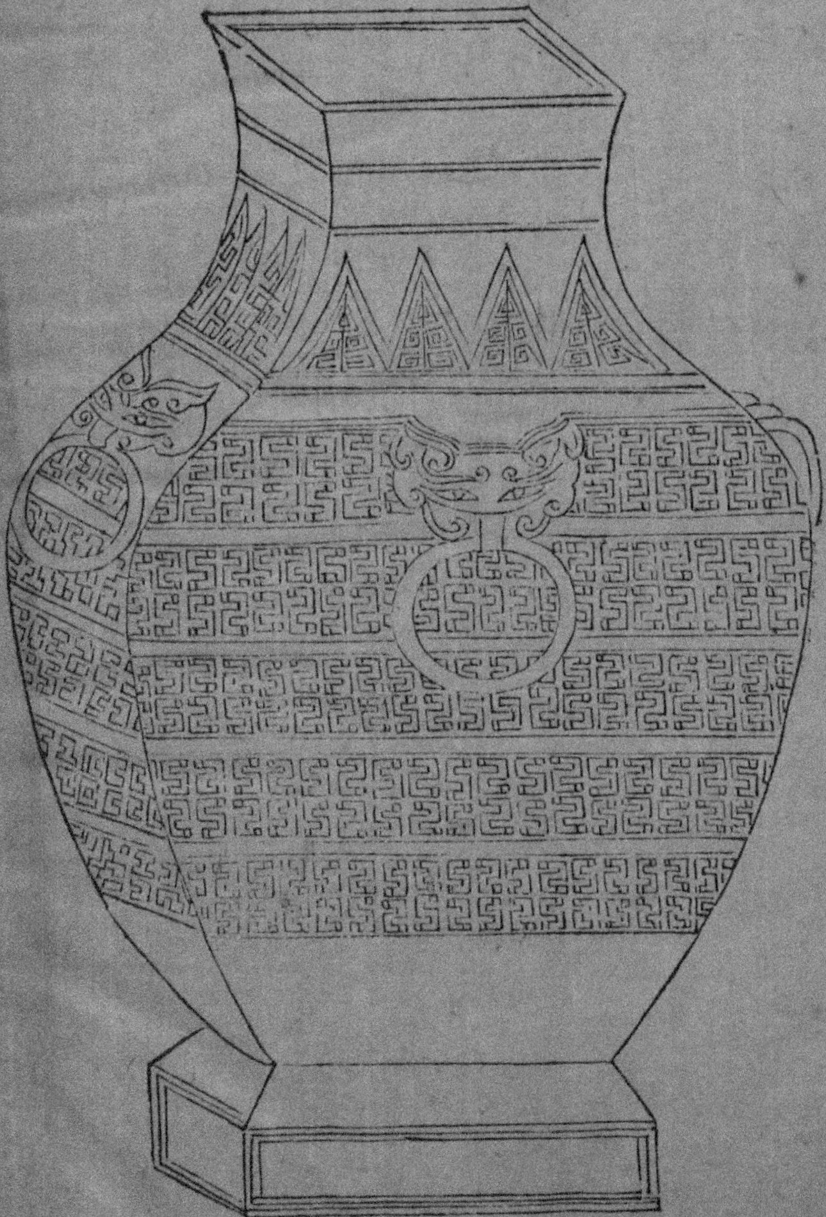

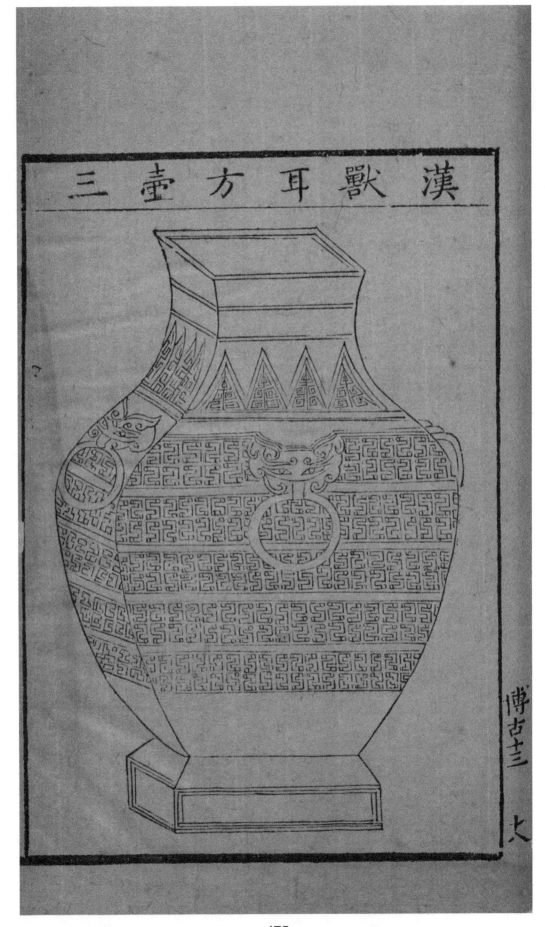

高一尺一寸八分深一尺口徑二寸八分腹徑六寸容九升八合重五斤十有四兩四耳連環無銘

漢獸耳方壺四

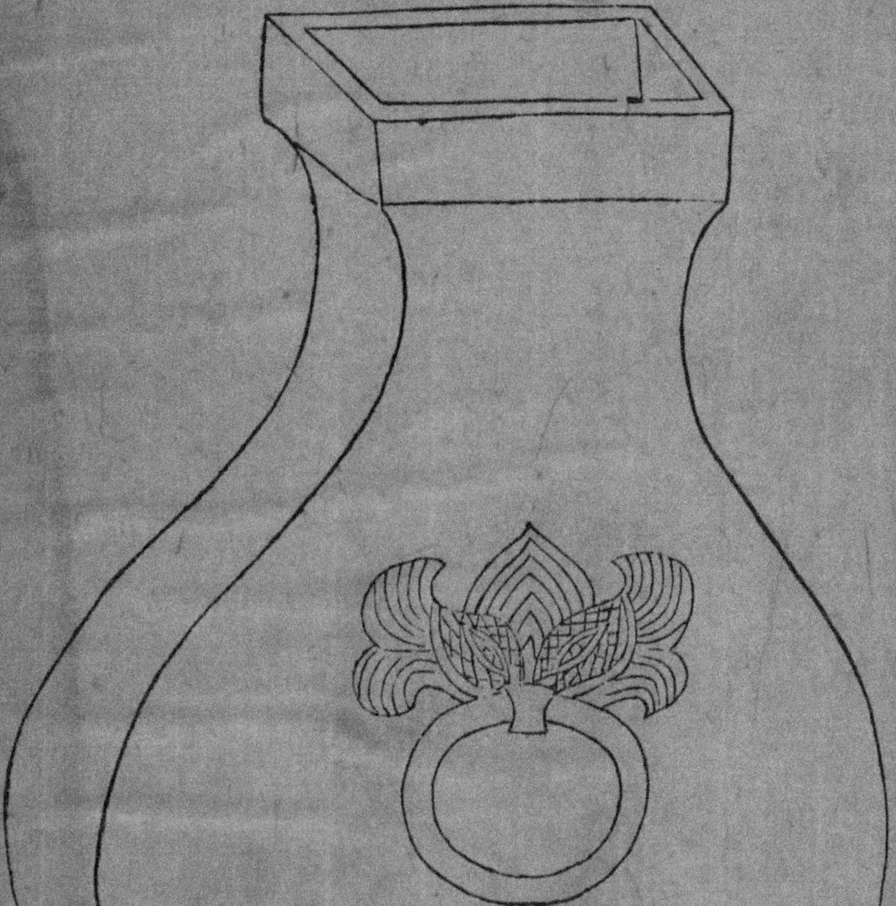

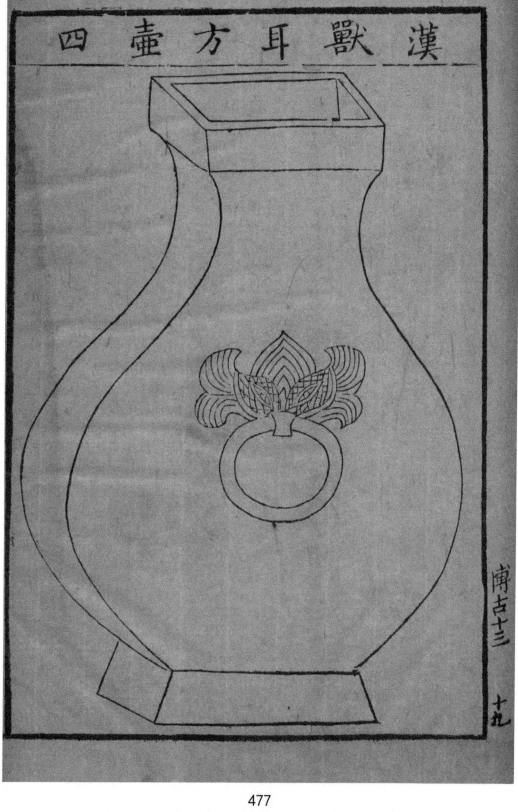

高一尺二寸深一尺二分口徑三寸五分腹
徑七寸容一斗一升重六斤兩耳連環無銘

漢獸耳方壺五

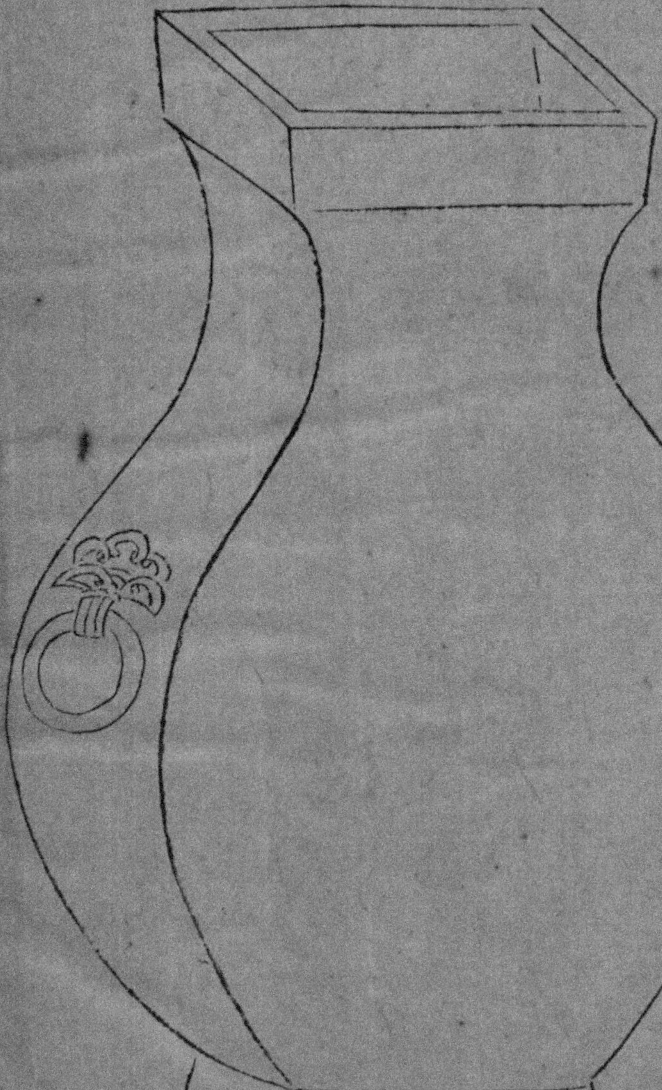

高九寸深七寸七分口徑二寸八分腹徑五寸七分容五升重三斤十有三兩兩耳連環

無銘

右五器體制鍊冶與漢如意方壺相類而大小精粗差不同耳壺所以貯酒盖亦尊之類是器耳皆挾腹獸口銜環而方稜四出自是一類物也

漢素温壺一

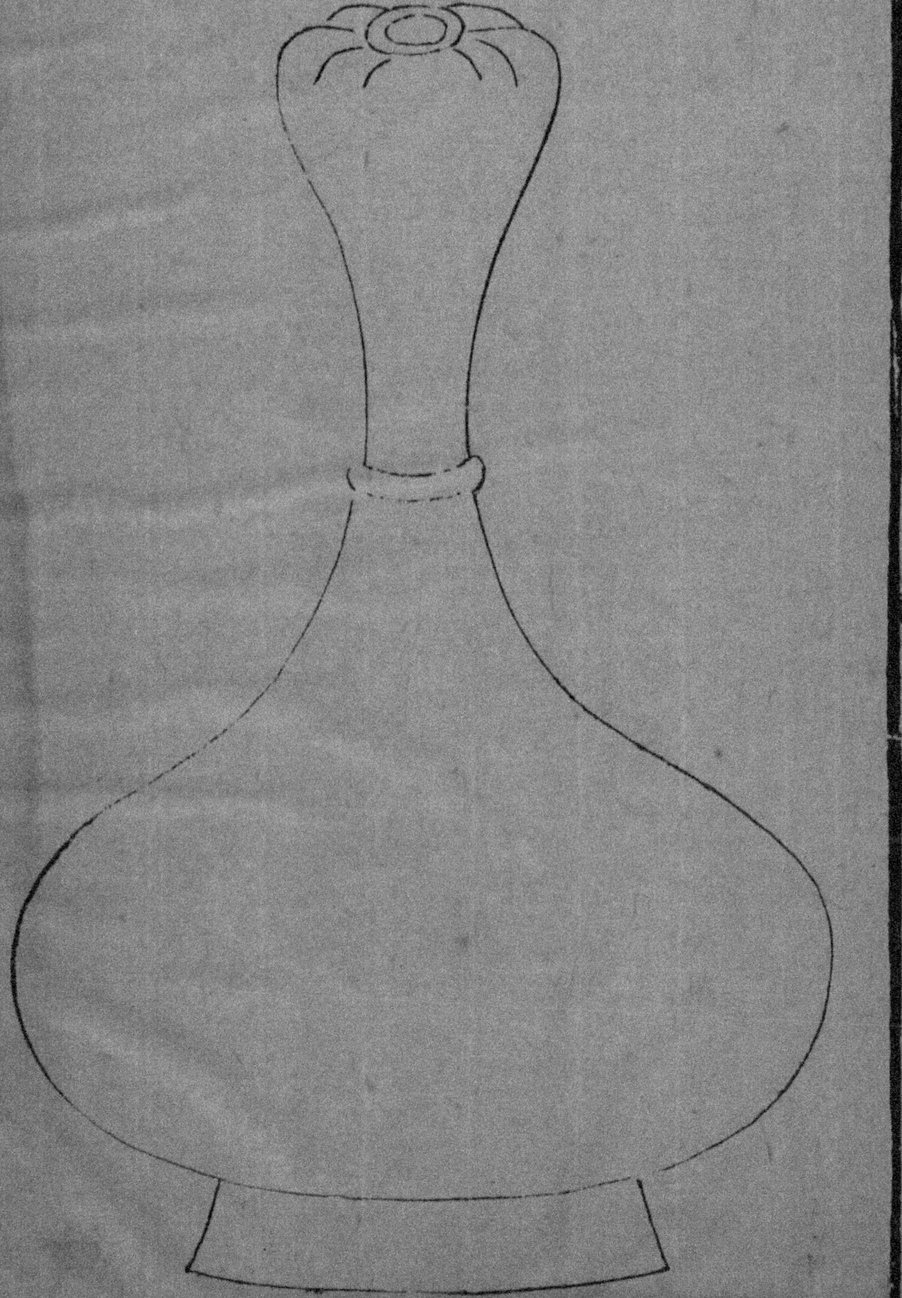

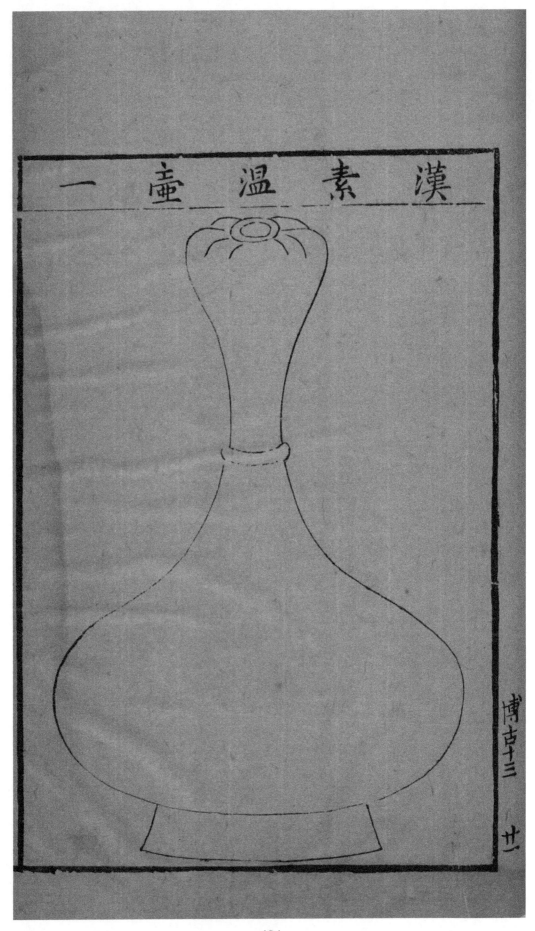

高一尺三寸一分深一尺二寸一分口徑九分腹徑七寸八分容六升四合重四斤三兩

無銘

漢素温壺二

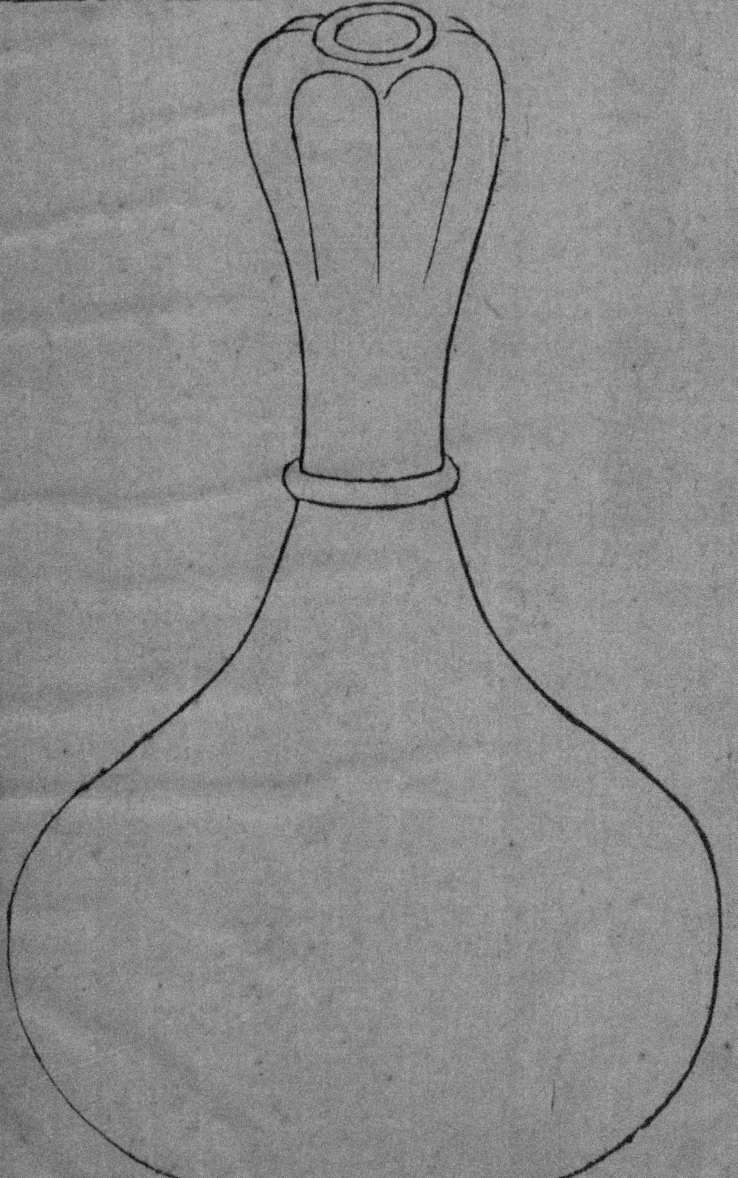

高一尺三寸四分深一尺二寸六分口徑一
寸腹徑八寸容六升重三斤一十兩無銘

漢素温壺三

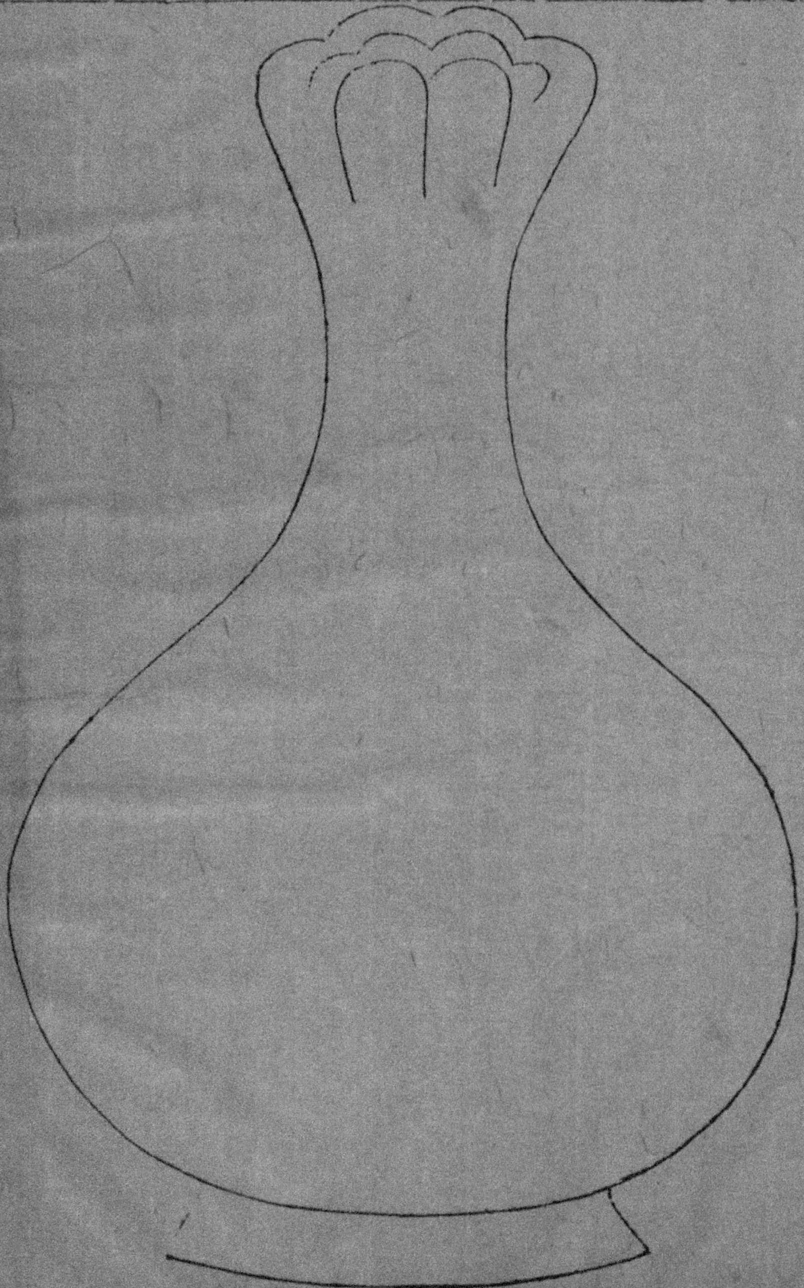

高一尺八分深一尺八分口徑一寸一分腹
徑七寸二分容四升七合重三斤三兩無銘

漢素温壺四

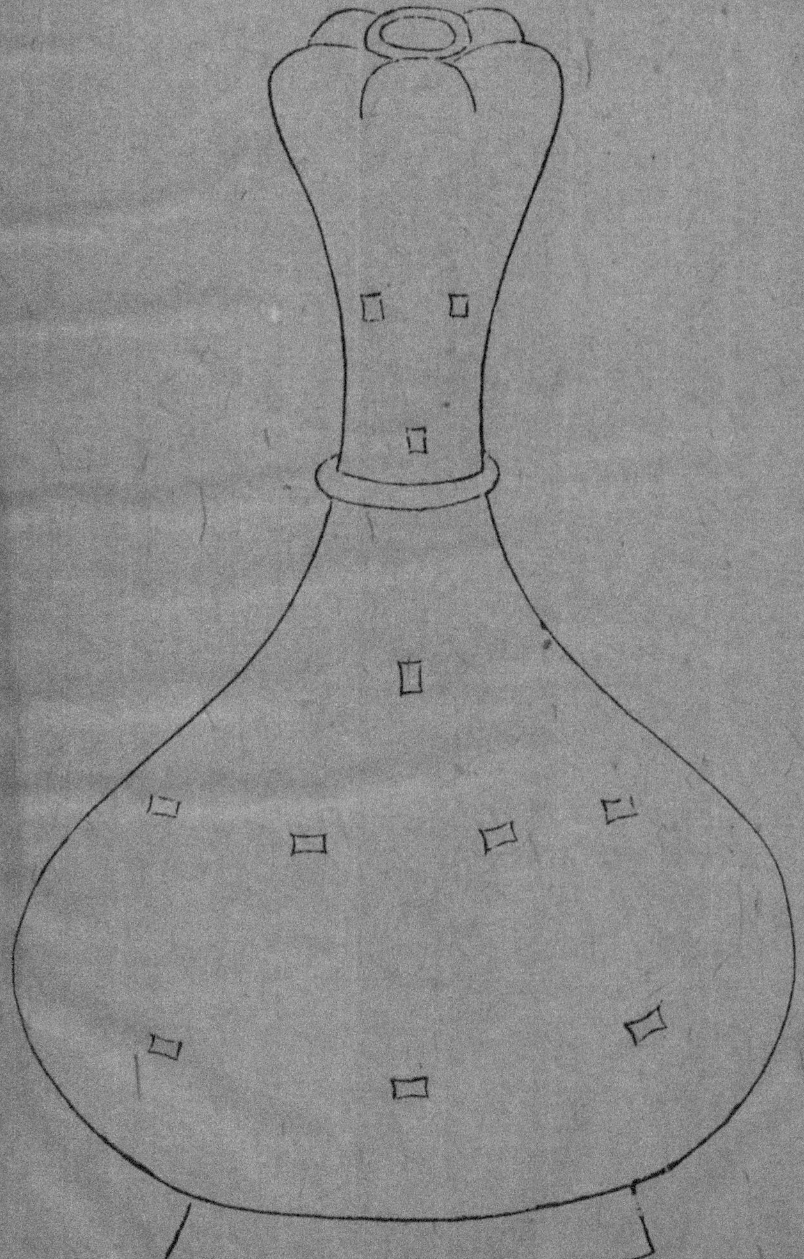

高一尺三分深九寸七分口徑八分腹徑六
寸容闕一字升重二斤有半無銘
右四器形制相類自環以上手主之環以下
闕三字疑亦有所受也觀其製作純素意若
闕三字氣韻非古殆漢工所造耳

漢粟紋壺一

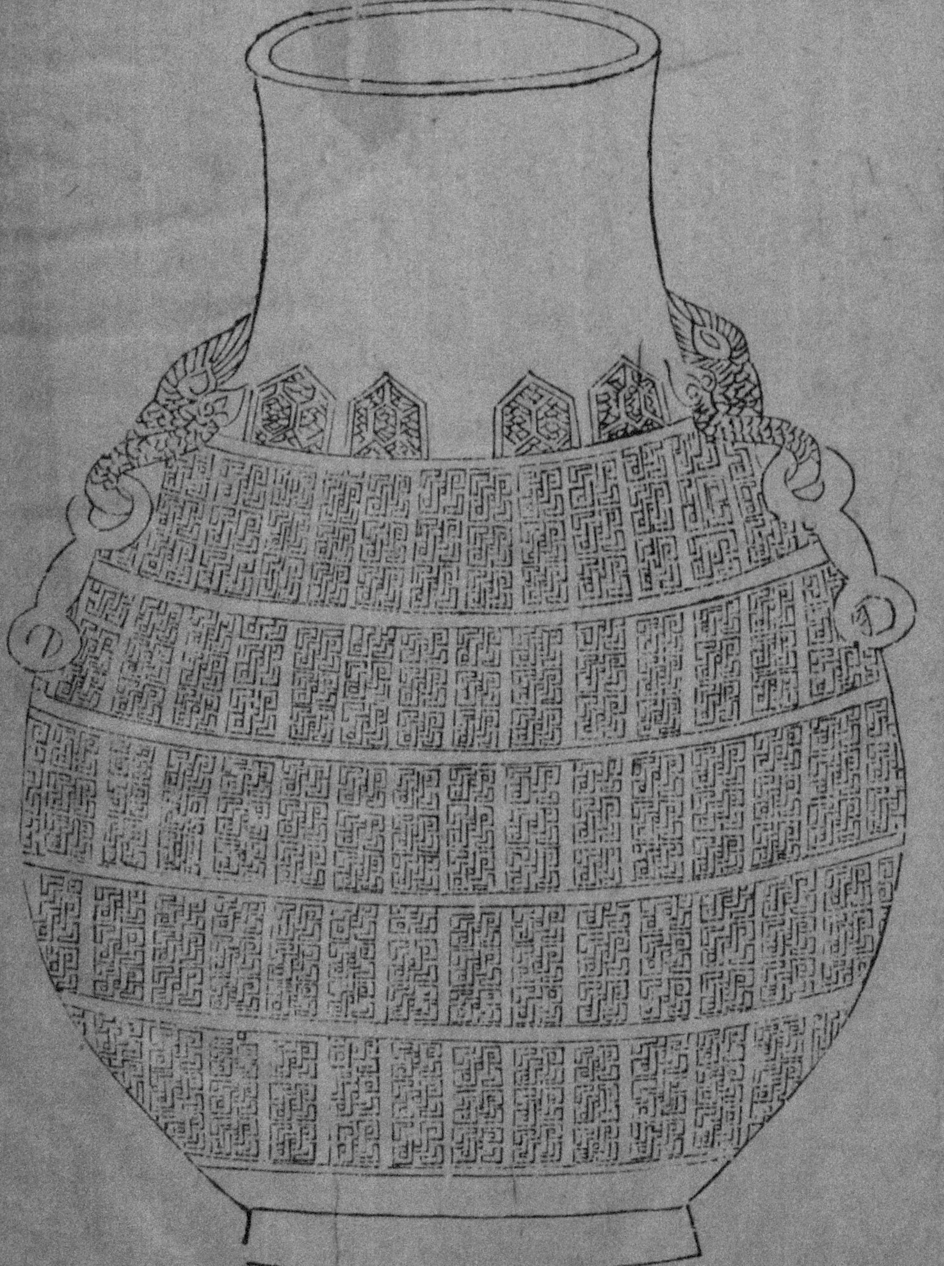

博古十三　廿五

高九寸五分深八寸九分口徑二寸八分腹
徑六寸八分容六升五合重四斤五兩兩耳
連環無銘

漢粟紋壺二

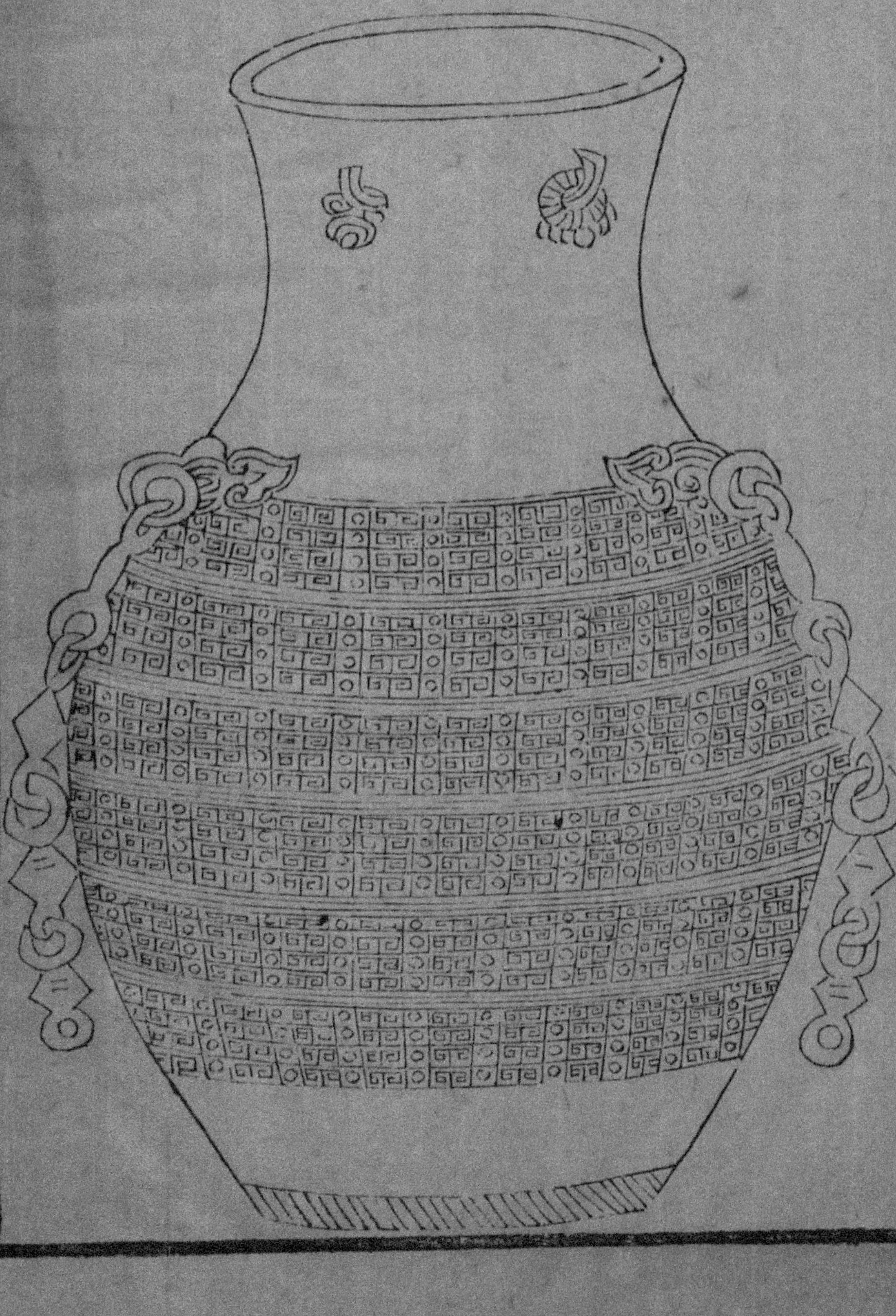

高一尺六分深一尺一分口徑三寸二分腹
徑六寸四分容一斗重五斤十兩兩耳連環
無銘

漢粟紋壺三

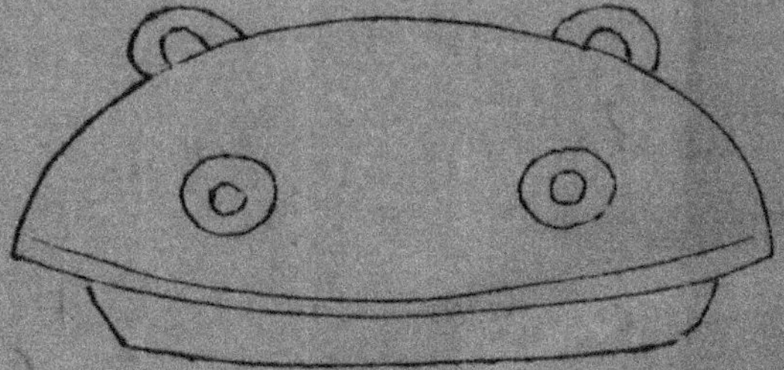

通蓋高一尺一寸深一尺口徑三寸二分腹徑七寸容九升八合共重六斤十有一兩兩耳無銘

右前一器腹間隱起粟紋耳作犧首後二器
制作相類特粟紋益細巧而耳著獸面為少
異耳

漢鳳魚壺

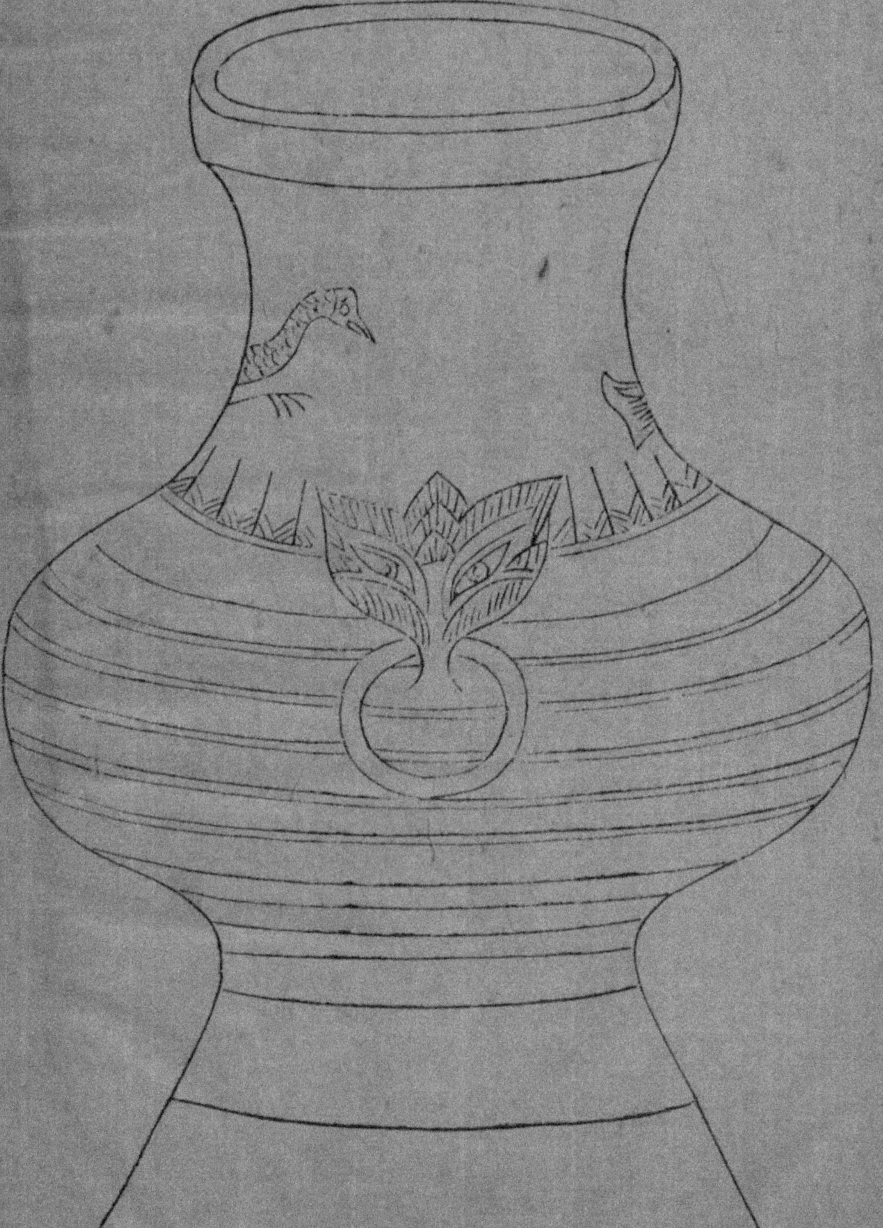

右高一尺二寸深九寸一分口徑三寸四分腹徑七寸四分容七升有半重六斤十有二兩兩耳連環無銘紋有魚鳳之形古者制器非徒貺也意必有所象鳳皇来儀記之於書魚在在藻歌之於雅飾以二物得無謂焉加以兩耳鬶環形模至妙有商周之餘制但文華過之矣

漢素圜壺一

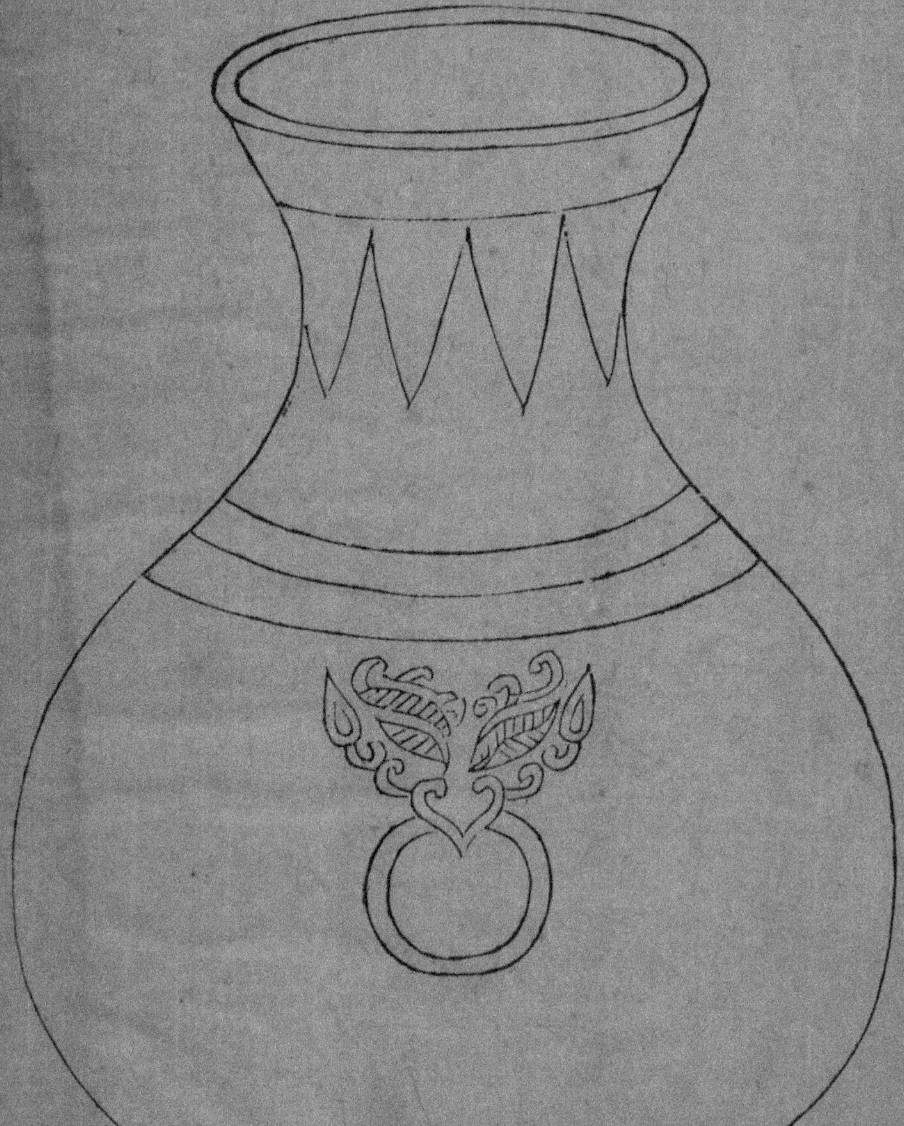

高一尺四寸七分深一尺三寸三分口徑五寸一分腹徑九寸八分容二斗八升重一十四斤有半兩耳連環無銘

漢獸耳圜壺

博古十三

卅

右高九寸深七寸九分口徑三寸三分腹徑六寸二分容五升六合重三斤十有一兩兩耳連環無銘體圜而純素兩獸齧環以為耳不設賁飾比商則質有餘比周則文不勝蓋亦體古而僅得其形模焉以漢去古為未遠也

漢素圜壺二

高一尺四寸九分深一尺二寸七分口徑五寸六分腹徑九寸四分容二斗九升重十有五斤兩耳連環無銘

漢素圜壺三

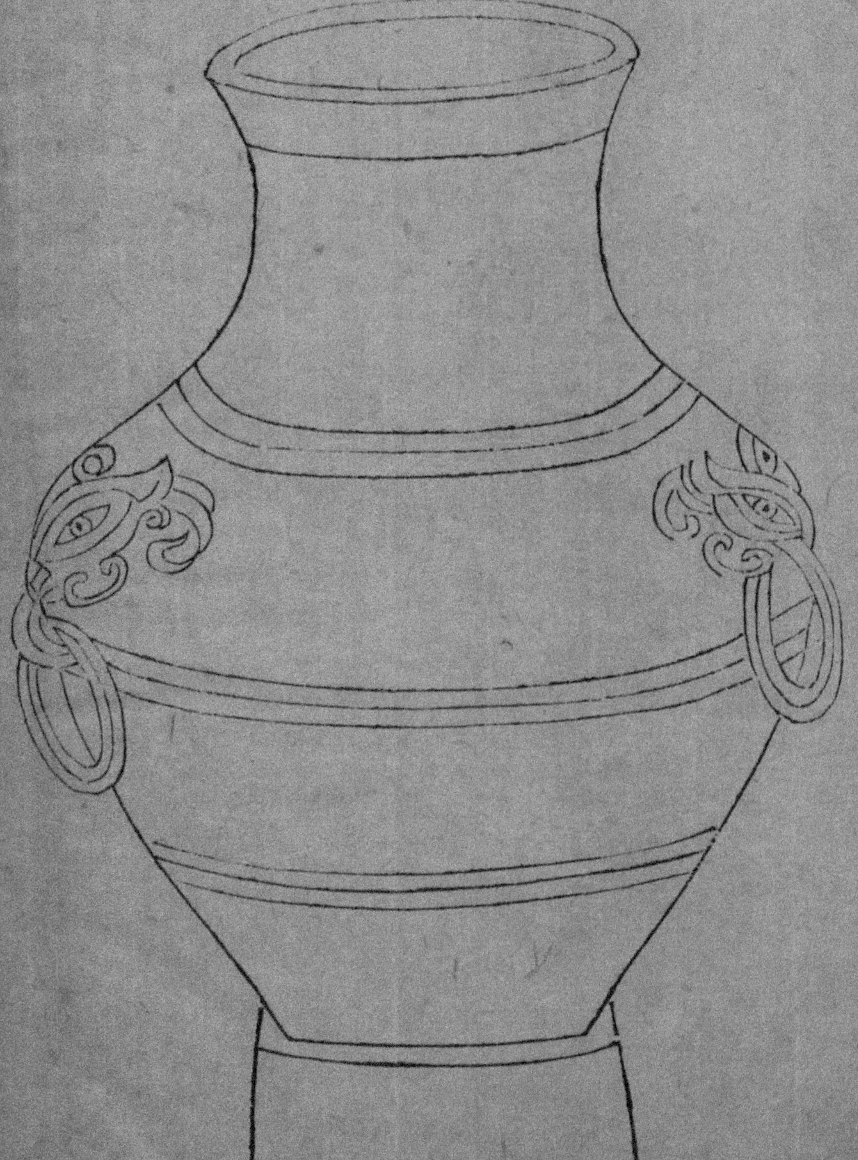

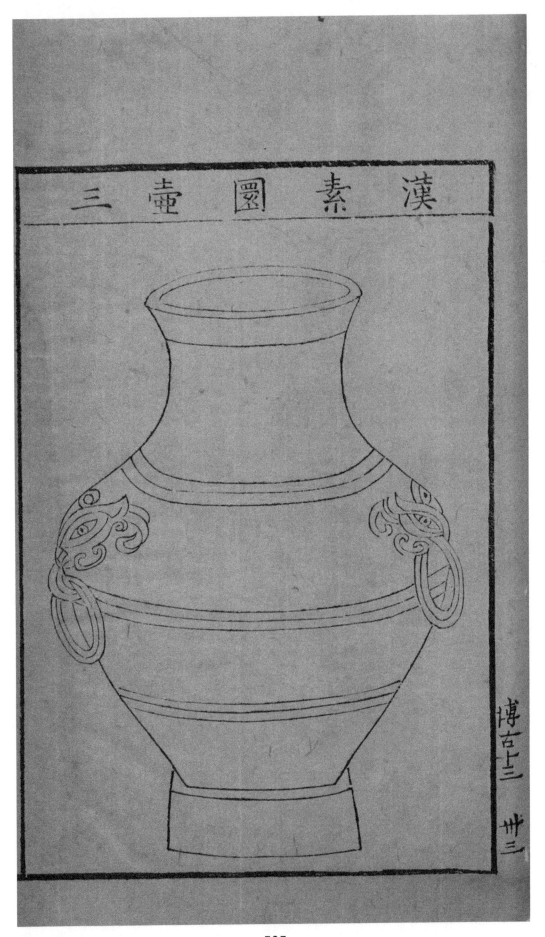

高一尺五寸深一尺三寸二分口徑五寸五分腹徑九寸四分容二斗八升重九斤十有三兩兩耳連環無銘

右三器體制不殊唯第一器塗金爲飾漢孝武時作太官壺與此無異疑出一時也且周官公食大夫禮門内用兩圜壺是器之設宜本諸此

博古圖録考正卷第十三